最高人民检察院
第四十一批指导性案例
适用指引

———— • 生态环境公益诉讼 • ————

最高人民检察院第八检察厅　编著

中国检察出版社

图书在版编目（CIP）数据

最高人民检察院第四十一批指导性案例适用指引：
生态环境公益诉讼／最高人民检察院第八检察厅编著．—
北京：中国检察出版社，2023.9
ISBN 978－7－5102－2850－6

Ⅰ.①最…　Ⅱ.①最…　Ⅲ.①案例－汇编－中国
Ⅳ.①D920.5

中国国家版本馆 CIP 数据核字（2023）第 062172 号

最高人民检察院第四十一批指导性案例适用指引（生态环境公益诉讼）
最高人民检察院第八检察厅　编著

责任编辑：杜英琴
技术编辑：王英英
美术编辑：徐嘉武

出版发行：中国检察出版社
社　　址：北京市石景山区香山南路 109 号（100144）
网　　址：中国检察出版社（www.zgjccbs.com）
编辑电话：（010）86423766
发行电话：（010）86423726　86423727　86423728
　　　　　　　（010）86423730　86423732
经　　销：新华书店
印　　刷：河北宝昌佳彩印刷有限公司
开　　本：710 mm×960 mm　16 开
印　　张：14　插页 10
字　　数：162 千字
版　　次：2023 年 9 月第一版　　2023 年 9 月第一次印刷
书　　号：ISBN 978－7－5102－2850－6
定　　价：50.00 元

《最高人民检察院第四十一批指导性案例适用指引》编委会

主　　　任：张雪樵

副 主 任：胡卫列

编　　　委：徐全兵　　邱景辉　　吕洪涛　　胡婷婷
　　　　　　刘东斌　　刘家璞　　解文轶　　方剑明
　　　　　　易小斌　　王　菁　　裴铭光

主　　　编：胡卫列

副 主 编：吕洪涛

编写人员：刘家璞　　王　莉　　牟　琦　　庞文远
　　　　　　李元泽　　卢佳佳　　李文杰　　刘　青
　　　　　　胡　晓　　冯其锋　　刘胜凤　　韦达泽
　　　　　　林俊杰　　陈燕倩　　罗永良　　黄云健
　　　　　　张国苍　　杨学正　　起美琼　　苟华梅
　　　　　　董长青　　王　浩　　贾　哪　　刘盼盼
　　　　　　于琰峻

青绿归来万峰湖

最高人民检察院
公益诉讼首立案

万峰湖专案公开听证会和指导性案例新闻发布会掠影

◆ 2020 年 12 月 24 日，最高人民检察院在贵州省兴义市召开"万峰湖流域生态环境受损公益诉讼专案检察听证会"。

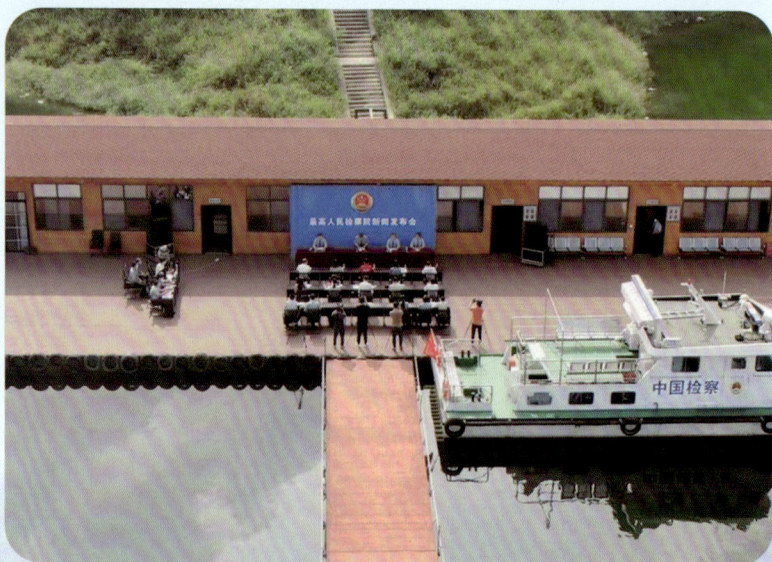

◆ 2022 年 9 月 22 日，最高人民检察院在位于贵州省兴义市的黔桂滇三省（区）万峰湖联合水上检察室召开第四十一批指导性案例新闻发布会。

万峰湖网箱养殖特写

◆ 万峰湖网箱养殖特写

◆ 万峰湖网箱养殖航拍

◆ 万峰湖网箱养殖特写

◆ 万峰湖网箱养殖俯拍

万峰湖治理前后同域对比

◆ 万峰湖水打龙水域治理前

◆ 万峰湖水打龙水域治理后

◆ 万峰湖梅家湾水域治理前

◆ 万峰湖梅家湾水域治理后

◆ 万峰湖治理前航拍

◆ 万峰湖治理后航拍

编写说明

2022 年 9 月 20 日，最高人民检察院以"一批次一案例"的形式在万峰湖专案办案现场发布了第四十一批指导性案例——最高人民检察院督促整治万峰湖流域生态环境受损公益诉讼案（检例第 166 号）。该案作为最高检直接立案办理的第一起公益诉讼案件，是中国特色社会主义的体制优势转化为国家治理和社会治理效能的又一个真实写照。

在该案办理过程中，检察机关坚持以习近平生态文明思想和习近平法治思想为指引，探索提出"以事立案"解决责任主体众多立案难题的新方式、充分运用检察一体化办案模式，推动跨区划协同综合治理，拓展检察听证功能，持续做好办案"后半篇文章"，推动诉源治理，既丰富了办案实践，为今后办理同类案件提供借鉴，又具有规则意义，多项成果被《人民检察院公益诉讼办案规则》吸收。

专案办理过程中形成的启示、积累的经验，对省级以上检察院直接办理生态环境和资源保护领域的公益诉讼案件、检察一体化办案模式的运用以及检察机关以办案为中心推进诉源治理等起到示范引领作用。

万峰湖专案的成功办理，为深入贯彻落实党的二十大"完善公益诉讼制度"要求，提供了加强公益诉讼专门立法研究的

"检察智慧"，同时也为破解跨区划生态环境治理这一"公地悲剧"问题，贡献了公益司法保护的"中国方案"。

　　本书辑录了指导性案例解读、办案资料、典型案例和相关报道，以期对检察机关今后办理跨区划生态环境公益诉讼案件提供参考。

　　　　　　　　　　　　　　　　　　　　　　编者

　　　　　　　　　　　　　　　　　　2023 年 6 月

目　录
CONTENTS

附录　万峰湖专案的重要报道

第一部分

最高人民检察院
第四十一批指导性案例

关于印发最高人民检察院
第四十一批指导性案例的通知

（高检发办字〔2022〕133 号）

各省、自治区、直辖市人民检察院，解放军军事检察院，新疆生产建设兵团人民检察院：

经 2022 年 4 月 21 日最高人民检察院第十三届检察委员会第九十七次会议决定，现将最高人民检察院督促整治万峰湖流域生态环境受损公益诉讼案（检例第 166 号）作为第四十一批指导性案例（生态环境公益诉讼主题）发布，供参照适用。

最高人民检察院

2022 年 9 月 20 日

最高人民检察院督促整治万峰湖流域
生态环境受损公益诉讼案

（检例第 166 号）

关键词

流域生态环境治理　跨区划公益损害　以事立案　一体化办案　检察听证　诉源治理

要旨

对于公益损害严重，且违法主体较多、行政机关层级复杂，难以确定具体监督对象的，检察机关可以基于公益损害事实立案。

对于跨两个以上省或者市、县级行政区划的生态环境公益损害，共同的上级人民检察院可以直接立案。

上级人民检察院可以采用检察一体化办案模式，依法统一调用辖区的检察人员组成办案组，可同时在下级检察机关设立办案分组，统一工作方案，明确办案目标任务，统一研判案件线索，以交办或指定管辖等方式统一分配办案任务。上级人民检察院可以督办或者提办重点案件，下级人民检察院可以将办案中的重要问题逐级请示上级人民检察院决定，包括需要上级人民检察院直接协调解决的相关问题。

检察机关办理公益诉讼案件，对于拟采取的公益损害救济方案或者已经取得的阶段性治理成效，包括涉及不同区域之间利益关系调整的，或者涉及案件当事人以外的利益主体，特别是涉及不特定多数的利益群体和社会民众，可以通过公开听证等方式进行客观评估，或者征询对相关问题的治理对策和意见。

对于因跨行政区划导致制度供给不足等根源性问题，检察机关可以通过建立健全跨区划协同履职机制，在保护受损公益的同时，推动有关行政机关和相关地方政府统一监管执法，协同强化经济社会管理，促进诉源治理。

基本案情

万峰湖地处广西、贵州、云南三省（区）接合部，属于珠江源头南盘江水系，水面达 816 平方公里，是"珠三角"经济区的重要水源，其水质事关沿岸 50 多万人民群众的生产生活和珠江流域的高质量发展。多年来，湖区污染防治工作滞后，网箱养殖无序发展，水质不断恶化，水体富营养化严重，部分水域呈劣 V 类水质，远超《地表水环境质量标准》（GB 3838 – 2002）相关项目标准限值。

2016 年，第一轮中央生态环保督察第一批第六督察组在广西督察时发现："2015 年全区 11 个重点湖库中有 5 个水质下降明显"，其中包括万峰湖的广西水域。2017 年，第一轮中央生态环保督察第一批第七督察组在贵州督察时发现："珠江流域万峰湖库区网箱面积 7072 亩，超过规划养殖面积 2.48 倍。"贵州省黔西南州、广西壮族自治区百色市政府就督察发现的问题分别组织了整改，但相关问题并未从根本上解决。此外，万峰湖流域还存在干支流工业废水直排、生活垃圾污染等问题，也直接影响着万峰湖水质，公共利益受到损害。

（一）非法网箱养殖污染。广西壮族自治区隆林县、西林县辖区内水域违法网箱养殖面积达53.6万平方米，日均投放饲料达上百吨，导致网箱养鱼库湾及其附近水域水质总氮超标，投饵后部分水域水质为劣V类水。云南省师宗县辖区内也有非法网箱养殖情况，对万峰湖库区的生态环境造成不利影响。

（二）水面浮房、钓台等污染。隆林县、西林县辖区分别有水面浮房397个、289个，浮房大多设置厨房、卫生间、休息室等；云南省罗平县辖区有钓台等水上浮动设施154个、总面积约为1.9万平方米，浮房、钓台使用过程中产生的生活垃圾、污水直排入湖。云南省曲靖市多依河沿岸周边有多个鱼塘，养鱼产生的废水直排多依河后注入万峰湖。

（三）船舶污染。西林县辖区内，有按照浮房模式进行改装的船舶约50艘，配备住宿床位4到12张不等，均无污水集中收集装置或过滤、净化设施，经营过程中产生的厨余油污、厨余垃圾以及生活污水，均直接排入湖中或倾倒岸边。罗平县A航运有限公司（简称A公司）有7艘船舶检验不合格、22艘船舶废机油收集后未按规定进行处置造成污染。

（四）沿岸垃圾污染。水域及沿岸有多条垃圾带，主要包括塑料瓶、塑料袋、泡沫、废弃油桶、浮房拆解残余物等，随水体流动漂浮到湖面并滞留。贵州省兴义市辖区某地长期堆放大量垃圾，未配套建设防渗漏等设施，导致汇入万峰湖的河流受到污染。

（五）生活和养殖污水直排。兴义市辖区两处居民安置区总占地面积 637.76 亩，安置户总数为 1509 户，安置区房屋多为自建，导致雨污混流，污水最终汇入万峰湖。

（六）企业偷排、乱排废水。贵州省普安县辖区两处小煤窑废弃矿井每天产生约 90 余吨的酸性废水，沿坡梗、沟渠、河道汇入万峰湖。普安县 B 能源有限公司 C 洗煤厂（简称 B 公司 C 洗煤厂）在建设生产过程中未严格按照"三同时"制度（建设项目需要配置的环境保护设施必须与主体工程同时设计、同时施工、同时投产使用）、未落实"三防"（防扬散、防流失、防渗漏）措施，导致大量煤矸石、煤泥及煤渣中的有害物质经雨水冲刷后渗漏造成土壤污染，汇入万峰湖污染水体。

（七）破坏水文地质环境。隆林县辖区 D 渔港有限公司（简称 D 公司）在 780 水位线下施工，改变水文情况，造成岸坡泥土松动，可能存在引发水土流失、泥石流等自然灾害的风险。

检察机关履职过程

（一）依法立案

2019 年 11 月，贵州省人民检察院向最高人民检察院（以下简称最高检）反映了万峰湖流域生态环境污染公益诉讼案件线索。

最高检初步调查查明，万峰湖流域污染问题由来已久，经中央生态环境保护督察，近年来，贵州省黔西南州部署开展了"清源、清网、清岸、清违"专项活动，云南省、广西自治区所辖湖区也陆续开展了治理行动，但由于三省（区）水域分割管理、治理标准、步调不一等原因，流域污染问题未能根治，此起彼伏，不时反弹蔓延。

最高检认为，万峰湖流域污染问题涉及重大公共利益，流域生态环境受损难以根治的重要原因，在于地跨三省（区），上下游、左右岸的治理主张和执行标准不统一，仅由一省（区）检察机关依法履职督促治理难以奏效。为根治污染，有必要由最高检直接立案办理。鉴于该案违法主体涉及不同地区不同层级不同行政机关，数量较多，如采取依监督对象立案的方式，不仅形成一事多案，且重复劳动、延时低效，公共利益难以得到及时有效保护。综合考虑本案实际，2019 年 12 月 11 日，最高检决定基于万峰湖流域生态环境受损的事实直接进行公益诉讼立案。

（二）一体化办案

最高检启动一体化办案机制，组建由大检察官担任主办检察官的办案组，从本院及三省（区）检察机关抽调办案骨干作为办案组成员；三省（区）分别组建办案分组，负责摸排污染源线索、办理最高检交办和指定管辖的案件。由此整合四级检察机关办案力量，充分发挥不同层级检察机关的职能作用。

2020 年 1 月 13 日，最高检向三省（区）人民检察院印发《万峰湖流域生态环境受损公益诉讼专案工作方案》，确定了"统分结合、因案施策、一体推进"的办案模式。最高检办案组统一研判案件线索，以交办、指定管辖等方式统一分配办案任务、调配办案力量，以案件审批、备案审查等方式把控办案质量，以下发通知、提示等方式统一开展指导，助力各办案分组破解办案困难和阻力，统筹全案办理进度。

统一研判案件线索。在办案过程中，各办案分组摸排并上报案件线索 61 条，主要包括非法网箱养殖、水面浮房和钓台、船舶、垃圾、违法排放废（污）水等污染和破坏水文地质环境等问题，涉及生态环境、农业农村、水利、交通运输等行政机关。

因万峰湖流域污染问题涉及的行政机关多为基层，地方检察机关更熟悉本辖区情况，开展调查更及时、更便利，最高检办案组依据公益诉讼相关管辖规定，对案件线索统一研判并分类处置，统一分配办案任务。

对一般行政公益诉讼案件线索，交可能未依法履职的行政机关所对应的同级人民检察院办理；对民事公益诉讼案件线索，交违法行为发生地、损害结果地或者违法行为人住所地的市级检察院或者基层检察院办理；对两个检察院都有管辖权的，或存在管辖争议的，以指定管辖方式交最有利于公益保护的检察院办理。2020年4月和8月，最高检以交办、指定管辖等方式，将47条案件线索分两批交地方检察机关办理。鉴于该案是最高检立案的公益诉讼案件，最高检根据相关财务规定，对于地方检察机关的相关办案工作，给予了办案经费支持。

统一办案目标。鉴于非法网箱养殖是导致万峰湖流域污染的主要原因，也是万峰湖污染攻坚战中拖延多年想解决仍未解决的"硬骨头"，最高检立案后将全面清理万峰湖湖区非法养殖网箱明确为首要办案目标，通过履行公益诉讼检察职责，督促有关行政机关依法履职，让违法主体承担恢复原状等相应民事责任。2020年9月，非法养殖网箱已全部被拆除。办案进程中，为强化并落实诉源治理，最高检办案组将治理干支流污染、工矿企业污染、生活污水直排等问题新增为办案重点任务。

统一办案要求。为规范案件办理，最高检办案组下发有关立案、调查、磋商、检察建议、提起诉讼等关键环节的办案提示，把好办案质效标准。为确保办案节奏一致，最高检办案组先后五次召开办案推进会和案情分析会，了解问题困难，听取意见建议，提出工作要求。为确保办案质量、统一结案标准，2020年

12月，最高检办案组对各办案分组办理的案件逐一进行结案审查。

凝聚保护合力。 为营造良好的办案环境，有力推进案件依法办理，最高检在立案后指导三省（区）相关检察机关第一时间向地方党委和政法委报告有关情况。三省（区）党委政府主要领导对办案工作给予高度重视和支持，明确要求辖区水域所在市（州）和县（市）政府以及有关行政机关积极配合办案工作，依法解决万峰湖流域生态环境问题。沿湖三市（州）党委政府认真落实省（区）党委政府的指示要求，与检察机关密切配合，形成协同保护合力。沿湖五县（市）党委政府和相关行政机关高度重视办案中发现的问题，严格执行相关法律，切实履职，协同解决辖区内污染问题。沿湖三市（州）人大常委会为解决万峰湖生态环境保护因跨行政区划带来的执法差异问题，共同签署了《跨区域协同立法合作协议》，推动实现市域间立法资源共享、执法守法统一、规范。

破解办案阻力。 对各分组办案中遇到的困难和阻力以及法律问题，最高检办案组要求逐级上报，由上级院履职推进问题解决。广西 E 集团旗下的 F 渔业有限公司是隆林县招商引资的龙头企业，其非法养殖的网箱面积达到 24 万平方米，每天投入饵料约为 30 吨左右，对水体造成严重污染。针对发展与保护的矛盾问题，2020 年 2 月 17 日，广西自治区检察院基于某些环节存在的思想认识问题，报请最高检明确下一步办案方向和要求。2月 26 日，最高检明确批复，企业的合法权益应当受法律保护，但对待经济发展中涉及的环境保护问题，应以习近平生态文明思想为指引，坚持生态优先、绿色发展的先进理念，不改变清理违法网箱的办案目标，但基于新冠肺炎疫情对鲜鱼市场的影响，允许在不再投放饵料前提下适当延缓拆除网箱时限，尽可能减少企业损失。8 月 25 日，最高检办案组深入督导发现，该公司约 8800 余平方米网箱仍在持续投料喂养，直接向涉案企业阐明法律责任，向县政府主要负责人严肃指出存在问题，督促从严依法履职。9 月 13 日，涉案企业自行拆除全部网箱。

（三）监督整改

最高检将非法网箱养殖污染等七类问题线索经由省（区）院交沿湖市（州）、县（市）两级检察院具体办理。相关检察机关在收到交办和指定管辖的案件线索后，经进一步调查，共依法立案 45 件，其中行政公益诉讼案件 44 件，民事公益诉讼 1 件。在办理行政公益诉讼案件过程中，地方检察机关严格落实"诉前实现公益保护是最佳司法状态"的办案要求，秉持双赢多赢共赢的办案理念，优先与有关行政机关就其存在违法行使职权或者不作为、公共利益受到侵害的后果、整改方案等事项进行磋商。在磋商不能解决问题的情况下，对于行政机关不依法履行职责，致使公共利益受到侵害的情形，依法制发检察建议。44 件行政公益诉讼案件均在诉前程序中得到解决，其中通过磋商解决 8 件，通过制发检察建议解决 36 件。

1. 非法网箱养殖污染问题

针对广西隆林县辖区的非法网箱养殖污染问题，2020 年 2 月，隆林县政府成立万峰湖库区环保专项整治指挥部，清理万峰湖隆林县辖区的非法养殖网箱和水面浮房。因鲜鱼存量大及新冠肺炎疫情影响等原因，拆除非法养殖网箱进度缓慢，截至同年 5 月，仍有 25.4 万平方米网箱未拆除。5 月 27 日，隆林县检察院就此对隆林县生态环境局和县农业农村局立案开展行政公益诉讼。6 月 4 日，广西自治区政府召开万峰湖生态环境问题整治工作会议，要求坚决清理万峰湖污染源。百色市政府明确下达网箱、浮房拆除的最后期限，隆林县政府组织责任单位及相关部门集中开展整治行动。9月1日，隆林县检察院进一步加大工作力度，向隆林县生态环境局和县农业农村局发出检察建议，督促其彻底清理万峰湖隆林县辖区剩余非法网箱。9月13日，万峰湖隆林县辖区前述非法养殖网箱全部拆除。

针对广西西林县辖区的非法网箱养殖污染问题，2020年1月21日，西林县检察院与县政府进行磋商，确定由县政府立即成立整治工作指挥部，组织有关行政机关对万峰湖西林水域生态环境开展综合整治。1月24日，西林县政府组织农业、生态环境、水利、林业、沿湖乡镇等部门深入库区开展整治工作。历时近3个月，西林县累计投入231.9万元，出动人员4370人次，拆除了辖区全部非法养殖网箱6.3万平方米。

针对云南师宗县辖区的非法网箱养殖污染问题，2020年10月15日，师宗县检察院对师宗县农业农村局立案开展行政公益诉讼，并多次与该局就非法网箱养殖的现状、执法情况和治理方案等进行磋商。11月2日，师宗县检察院向县农业农村局发送检察建议，要求其根据相关法律规定，结合该局的工作职责和"三定"方案等规定依法履职，取缔南盘江干流龙庆乡凤凰谷电站附近以及干流的非法养殖网箱，并依法处理网箱养殖造成损害生态环境的遗留问题。11月3日，师宗县农业农村局牵头会同县水务局、交通局、龙庆乡政府召开南盘江师宗段综合整治工作推进会，严格按照程序依法依规拆除网箱。截至2020年11月14日，共拆除2175平方米非法养殖网箱。

办案成效。为评估非法网箱养殖整治效果，2020年9月23日至25日，隆林县、西林县检察院分别召开公开听证会，邀请全国人大代表、政协委员、人民监督员作为听证员到万峰湖隆林县、西林县辖区水域实地巡湖检查，听证员一致认为相关辖区非法养殖网箱污染问题整治成效明显，生态环境得到恢复。检察机关通过办案，共督促有关行政机关拆除非法养殖网箱53.6万平方米，彻底解决该类污染。

2. 水面浮房、钓台等污染问题

针对水面浮房、钓台等污染问题，2020年1月，广西西林县检察院与县政府及相关部门进行磋商并促进整改。罗平县政府发布万峰湖流域罗平段治理通告，组织水务、环保、农业农村、鲁布革乡政府等部门单位开展联合整治，共拆除水面浮房、钓台等水上浮动设施120个。

办案成效。检察机关通过公益诉讼办案，督促有关行政机关拆除水面浮房、钓台等设施899个，劝返万峰湖垂钓人员500余人，彻底清理浮房、钓台问题。

3. 船舶污染问题

针对为钓客提供食宿服务的改装船生活污水直排和垃圾污染问题，2020年10月16日，广西百色市检察院对百色海事局立案开展行政公益诉讼。经磋商，双方就海事局是否负有监管职责未达成一致意见。百色市检察院认为，本案改装船舶的用途系供钓客住宿以及从事其他活动，性质上应为农（自）用船舶，不属于渔业船舶，根据法律等相关规定，由海事部门对船舶污染负总监管责任，农（自）用船舶和"三无"船舶的污染应由海事部门监管。而百色海事局认为，根据2020年6月30日农业农村部渔业渔政管理局发布的《休闲渔船管理办法（征求意见稿）》规定，本案改装船"是为了向钓客提供食宿"，符合上述休闲渔船的定义，其涉渔导致的污染应由农业农村部门负责监管。

为推进案件依法办理，百色市检察院举行专家论证会、听证会，一致意见认为，海事部门负有船舶排污监管职责。百色市检察院据此再次与百色海事局磋商，仍未达成共识。根据一体化办案要求，广西自治区检察院接到报告后开展跟进监督，与广西海事局沟通协商达成共识，进而督促百色海事局对违法改装船舶造成水体污染情况进行整治，拆除了船舶违法改装设施，消除了污染源。

针对罗平县辖区 A 公司船舶污染问题，2020 年 4 月，罗平县检察院与县政府开展磋商。4 月 15 日，县政府发布整改公告，相关行政机关积极履行职责，对万峰湖水上客船和农（自）用船进行定期检查，督促废旧机油依法依规处置，防止造成环境污染。

办案成效。检察机关通过公益诉讼办案，依法督促有关行政机关对万峰湖流域的船舶加强监管，违法违规生产经营造成污染问题得到实质性整改。

4. 垃圾污染问题

针对西林县、兴义市辖区内湖面存在的漂浮垃圾难以确定管辖问题，2020 年 9 月 27 日，最高检通过指定管辖交广西西林县检察院办理。9 月 30 日，西林县检察院立案；10 月 19 日向西林县生态环境局制发诉前检察建议，督促其依法履行监管职责，及时清理湖面垃圾。相关职能部门积极行动，落实检察建议要求。11 月 19 日，经办案分组实地查验，原有漂浮垃圾已全部清理，受损公益已得到恢复。

针对万峰湖流域干支流河道及沿岸的垃圾问题，办案组统一部署相关检察机关属地管辖办理案件。云南陆良县检察院对辖区内的南盘江干流和支流进行全线巡查，于 2020 年 10 月 21 日立案后，经与县水务局进行磋商，确认违法事实。11 月 2 日，向县水务局发出诉前检察建议，建议其依法全面履行对本辖区内河道的监督管理职责，做好日常水面漂浮物的清理打捞工作。截至 11 月 9 日，县水利局协同相关乡镇政府累计组织出动人员 2000 余人次，清理河道漂浮垃圾 2929.8 吨。同时以清运漂浮垃圾为契机，在全县境内南盘江流域范围 593 个自然村建立了垃圾清运制度，建立健全河道保洁长效机制，组织开展河道日常保洁工作。

贵州兴义市检察院于 2020 年 5 月 26 日和 6 月 1 日分别对市综合行政执法局（兴义市城市管理局）、洛万乡政府立案调查。6 月 5 日、10 日分别向两行政机关发出检察建议，督促依法对行政区域内生活垃圾收集、运输、处置等各个环节监督管理，对污染的土地进行治理，恢复该地块原状。贵州安龙县检察院摸排发现辖区内万峰湖流域沿岸存在游湖、垂钓等产生的生活垃圾违法倾倒问题，依法对万峰湖镇政府公益诉讼立案，制发检察建议，督促其对辖区内万峰湖流域的污染物进行清理，同时加强宣传，引导群众文明游湖、垂钓，妥善处理废弃垃圾。上述案件中被监督单位都认真落实了整改要求。

办案成效。检察机关通过公益诉讼办案，督促有关行政机关清理湖面 8.1 平方千米、垃圾 22 万吨，干支流沿岸垃圾污染问题得以全面解决。

5. 生活污水直排问题

针对兴义市部分安置区雨污未分流污水直排问题，2020 年 5 月 21 日，兴义市检察院向市委专题汇报。兴义市委、市政府立即组织住建、水务、环保及兴义市十个街道办等部门召开专题会议，组织普查发现全市存在问题的雨污管网总计 669 公里。就未有效整改违法问题，7 月 8 日，兴义市检察院以公开宣告的方式，向市水务局、桔山街道办事处送达诉前检察建议，督促依法履职整改。收到检察建议后，兴义市水务局、兴义市桔山街道办事处高度重视，以积极姿态开展整改，投入必要财政资金启动城市雨污分流工程，完善雨污分流设施，解决支管错搭乱接问题等，修复了污水收集系统。

6. 沿湖（河）工矿企业废水污染问题

针对贵州普安县楼下镇废弃矿井水污染问题，2020 年 6 月 23 日，普安县检察院立案调查，7 月 8 日向普安县楼下镇政府发出诉前检察建议，建议其依法履行法定职责，对两处历史遗留废弃小煤窑矿井废水污染环境问题进行有效治理。同时，黔西南州检察院授权普安县检察院向黔西南州生态环境局发出诉前检察建议，要求该局依法履行环境污染治理法定监管职责。收到检察建议后，黔西南州生态环境局、楼下镇政府投入资金 20 余万元，对案涉两处矿井废水污染环境问题进行初步治理和修复。普安县政府召开专题会议研究部署整治措施，邀请专家现场勘查，并编制废弃小煤窑矿井废水污染环境问题的治理技术方案。截至目前，共投资 830 万元，已修建完毕 5 个沉淀池，污水经过多级沉淀已实现达标排放，废弃矿井水污染的问题已得到有效治理。

针对普安县 B 公司 C 洗煤厂污水直排问题，2020 年 6 月 20 日，普安县检察院立案开展行政公益诉讼，8 月 10 日向楼下镇政府发出诉前检察建议，督促该镇政府依法履行环境污染治理主体职责，对普安县 B 公司 C 洗煤厂直排马别河的污染问题进行有效治理。同时针对洗煤厂直排废水污染土地问题，2020 年 11 月 9 日，黔西南州检察院以民事公益诉讼立案。2021 年 9 月 2 日，该院依法向州中级法院提起诉讼，请求判令 B 公司对污染的土地进行修复治理，并从源头消除污染隐患，直至验收通过；承担本案开展生态环境损害调查评估费用 26 万元；就其污染行为在黔西南州州级媒体向社会公众公开赔礼道歉。2 月 17 日，经法院主持，黔西南州院与被告达成调解协议，B 公司对检察机关的诉讼请求全部予以认可，现已履行完毕。

办案成效。通过公益诉讼办案，共推动完善、新建流域辖区内污水处理设施、垃圾压缩中转站等 53 个，干支流工业废水直排问题得到有效解决。

7. 破坏水文地质环境问题

针对隆林县 D 公司破坏沿岸水土问题，2020 年 6 月 23 日，隆林县检察院立案调查。6 月 26 日，该院分别与县水利局、天生桥镇政府进行磋商，督促其依法履行监管职责。9 月 23 日，隆林县水利局、天生桥镇政府答复整改情况：已依法处置在 780 水位线下弃置固体废弃物；及时对在 780 线下施工可能造成的岸坡水土流失问题采取防护措施。经办案组实地查看，受损公益确已得到恢复。

办案成效。检察机关通过公益诉讼办案，共督促相关行政机关组织拆除占用河堤的违章建筑 1144 平方米。

（四）公开听证问效求计

由于万峰湖流域生态环境受损涉及三省（区）五县（市），管理主体分散、利益诉求多元，各方认识不一，为了评估整改效果、凝聚治理共识，自觉接受社会监督，2020 年 12 月 24 日，最高检办案组对该案公开听证，沿湖三市（州）政府和五县（市）政府负责人以及群众代表作为案件当事人；邀请全国人大代表、专业人员作为听证员参加听证；邀请生态环境部、水利部、农业农村部相关代表列席听证会。听证会议题包括两方面：

一是案件是否取得整治网箱养殖污染等成效；二是探讨开展渔业生态养殖保护生态的可行性，以及如何通过统一管理等方式实现依法规范治理。

听证员和其他听证会参加人员充分肯定了案件办理取得的成效，形成了下一步沿湖五县（市）统一开展生态养殖、协同规范治理、推动万峰湖流域生态环境持续向好的共识。最高检办案组结合听证意见，综合考虑受损社会公共利益经整治得到有效保护的实际情况，对该案作出了终结案件决定，同时推动五县（市）联合执法监管和统一生态养殖，守好沿岸绿水青山、变成金山银山，造福沿湖人民群众。

通过办案督促整治，万峰湖生态环境污染问题得到有效整改，湖面非法养殖、沿湖岸线及干支流污染等问题得到有效解决，水质持续好转。2020年12月，三省（区）共用自动检测设备对万峰湖库区国控断面监督点每月1次的断面水质检测结果表明，万峰湖水质均达到或优于《地表水环境质量标准》（GB3838－2002）Ⅲ类水质；2022年二季度，万峰湖水质均达到Ⅱ类以上，多数监测点水质已为Ⅰ类。

（五）诉源治理

为从源头预防污染问题发生，形成跨区划保护合力，推动解决万峰湖流域统一执法、统一生态养殖等可持续发展问题，2021年1月，最高检办案组指导三省（区）检察机关对案件办理效果开展"回头看"工作，跟踪了解整改落实情况，并指导沿湖三市（州）检察院共同签署了《关于万峰湖流域生态环境和资源保护协作机制（试行）》，强化公益诉讼检察职能对万峰湖的生态保护作用。2021年6月、8月和9月，最高检办案组三次赴沿湖五县（市）调研，推动相关政府部门坚定绿色发展理念，消除分歧，统一执法监管、统一生态养殖，形成共管、共治、共建、共享的新发展格局。2021 年 12 月，五县（市）检察机关就建立黔桂滇三省（区）五县（市）万峰湖联合检察机制达成一致意见，联合制定《关于万峰湖流域生态环境检察公益诉讼案件跨区划管辖暂行办法（试行）》。2022 年 3 月，五县（市）党委政府决定成立联合执法指挥部，并会签《关于成立黔桂滇三省（区）五县（市）万峰湖联合执法指挥部的通知》，对湖区实行统一联合执法监管。2022 年 6 月，五县（市）党委政府就万峰湖大水面生态养殖项目达成共识，并会签《黔桂滇三省（区）五县（市）万峰湖产业发展框架协议》，合作成立"黔桂滇万峰湖渔业开发有限公司"，携手走上万峰湖流域长效保护、绿色发展和乡村振兴之路。

指导意义

1. **对于案情复杂、一时难以确定监督对象的公益损害线索，可以基于公益损害事实立案。** 生态环境和资源保护领域中的重大公益受损问题往往涉及多个侵权违法主体，还可能涉及多地多层级多个行政机关，一时难以确定具体监督对象，如果查证清楚再行立案，难免迁延时日，使公益损害继续扩大，影响公益保护的及时性、有效性。人民检察院即使尚未查明具体违法履职的行政机关，或者实施具体侵害公益的民事违法主体，也可以基于公益损害事实及时立案。《人民检察院公益诉讼办案规则》第 29 条对此作了明确规定。

2. **对于江河湖泊流域性生态环境治理或者跨行政区划重大公益损害案件线索，上级人民检察院可以依法直接立案。** 跨两个以上省、市、县级行政区划的生态环境和自然资源公益损害，被公认为是治理难题，各地执法标准不一，治理进度和力度不同，由具有管辖权的各个基层人民检察院直接办案难度较大，对此，所涉行政区划共同的上级人民检察院可以直接立案。

3. **发挥检察一体化优势，上、下级人民检察院统分结合，充分发挥各自的职能作用。**上级人民检察院可以采用检察一体化办案模式，依法统一调用辖区的检察人员组成办案组，或者在下级人民检察院设立办案分组。上级人民检察院统一制定办案方案，明确办案目标、办案形式、办案步骤、办案要求等内容，统一把握案件进度、标准，通过案件审批、备案审查等方式把关具体案件立案、调查、磋商、制发检察建议、听证、提起诉讼等关键办案环节，统筹指挥开展办案活动。对于具体的违法和公益损害线索，基于下级人民检察院更熟悉本辖区情况，监督同级行政机关更直接、具体等办案实际，上级人民检察院可以以交办或者指定管辖等方式交由下级人民检察院立案办理。下级人民检察院对于办案中发现并难以处理的重要问题，包括需要上级人民检察院直接协调解决的相关问题，可逐级请示交办和指定管辖的上级人民检察院决定。直接立案的上级人民检察院对下级人民检察院请示的、案件办理中的重大问题承担兜底统筹的主体责任。从而形成上级人民检察院以事立案为主案，下级人民检察院以监督对象立案为从案，主案与从案统分结合、因案施策、一体推进的办案模式。

4. **发挥检察听证作用，评估办案成效，凝聚治理共识，提升办案效果。**检察机关办理公益诉讼案件，往往关系到行政执法监管、经济社会管理的主要事项，具体涉及案件当事人以外的多元利益主体，包括行政管理对象，特别是可能涉及不特定多数的利益群体和社会民众，或者涉及不同区域之间重大利益关系的调整等。对于公益诉讼的阶段性治理成效，通过公开听证会等方式征询相关主体代表的意见，对公益损害救济状况、办案成效进行评估，有利于形成共识，提升公益保护的实效；对于尚未付诸实践或者具有探索性质的治理对策，也有必要借助公开听证听取各方面意见，确保治理措施的合法性和可行性，更好践行公益保护为了人民、依靠人民的理念，更好落实"谁执法谁普法"普法责任制，实现"办理一案、警示一片、教育影响社会面"的良好办案效果。

5. **以跨区划流域治理问题为导向，建立常态化公益保护机制，推进诉源治理。**"上下游不同步、左右岸不同行"等流域治理问题的根源在于跨行政区划管理制度机制的供给不足或者不完善，导致公益损害现象在取得治理成效后仍存在反弹隐患。检察机关可以通过建立健全跨区划协同履职机制，在保护受损公益的同时，协调、推动有关行政机关和相关地方政府统一监管执法，协同强化经济社会管理，促进诉源治理。万峰湖流域因为多头管理、难以管理、都不管理现象突出，导致养殖污染严重，只有通过沿湖五县（市）统一、严格规范下的生态养殖，统一联合执法和检察协同督促，才可能有效根治违法养殖导致污染，守住一湖碧水，才可能通过科学利用湖泊资源，助力脱贫区域乡镇振兴，造福一方百姓，打造绿水青山就是金山银山的样板。

相关规定

《中华人民共和国人民检察院组织法》（2018 年修订）第二十四条

《中华人民共和国行政诉讼法》（2017 年修正）第二十五条第四款

《中华人民共和国环境保护法》（2014 年修订）第六条、第十条、第五十一条

《中华人民共和国渔业法》（2013 年修正）第十一条、第四十条

《中华人民共和国水污染防治法》（2017 年修正）第四条、第九条、第十九条、第三十三条、第三十八条、第四十二条、第四十九条、第八十五条

《中华人民共和国固体废物污染环境防治法》（2016 年修正）第十七条（现为 2020 年修订后的第二十条）

《中华人民共和国土壤污染防治法》（2019 年施行）第五条、第七条、第八十七条

《城镇排水与污水处理条例》（2014 年施行）第五条、第二十条

《建设项目环境保护管理条例》（2017 年修订）第十五条

《人民检察院检察建议工作规定》（2019 年施行）第十条

《人民检察院公益诉讼办案规则》（2021 年施行）第十七条、第二十九条

《人民检察院审查案件听证工作规定》（2020 年施行）第四条、第五条

第二部分

最高人民检察院第四十一批
指导性案例解读

一、权威解读

万峰湖公益诉讼指导性案例的价值启示[*]

张雪樵[**]

地处黔桂滇交界的万峰湖被喻为养在深闺人未识的"西南明珠"，而最高人民检察院办理的万峰湖流域生态环境受损公益诉讼专案（以下称"万峰湖专案"）恰是屡上热搜的网红案件。2021年初，万峰湖专案被列为"2020年度十大法律监督案件"之首；中共中央庆祝建党100周年大型文献专题片《敢教日月换新天》第十七集《法安天下》重点介绍万峰湖专案的办案目标——打造绿水青山就是金山银山的经典样本。以上下两集篇幅展示万峰湖专案的央视专题片《为了公众的利益》获得央视总台2021年度专题新闻一等奖。2022年9月22日，最高检把新闻发布会搬到了碧波荡漾的万峰湖上，首次以"一批次一案例"形式发布最高检第四十一批指导性案例，即万峰湖专案。9月23日，最高检专案组在贵州省黔西南布依族苗族自治州举行万峰湖专案第二次公开听证会，并经互联网公开直播，在线观看人数达301.8万人。虽然万峰湖专案有诸多与众不同的"首次"或者

* 本文原刊载于《人民检察》2022年第21期。
** 张雪樵，最高人民检察院副检察长、二级大检察官，万峰湖专案组主办检察官。

"第一",但让万峰湖专案成为指导性案例更具指导意义。新闻宣传的底色是事件的本身,指导性案例的价值在于案件所蕴含的思想理念。唯因具备独特价值,才堪为他人借鉴效仿;而挖掘的思想越为深邃和伟大,案例的光芒才会照亮更远。

一、 价值启示之一: 以习近平生态文明思想为指引

万峰湖系 90 年代建设水电站而成,列入中国十大水库,也是"珠三角"经济区的重要水源地。湖区水体原本属于 I 类水质,但近年来,网箱养鱼无序发展,导致水质恶化,部分水域呈黑臭水体。2016 年、2017 年,中央生态环保督察组督察广西、贵州时,两次点名要求整改万峰湖网箱养殖污染问题。但由于三省(区)五县(市)① 对所辖水域分割管理,治理主体分散、执法标准不一,广西和云南水域仍有大量渔民进行违法网箱养殖。于是,如何破解万峰湖网箱养殖污染的难题便成为最高检办理该起公益诉讼专案的首要目标。

(一)坚持党的领导,为攻克"硬骨头"案件提供力量支撑

万峰湖网箱养殖污染问题经中央环保督察组两次点名仍得不到解决,是块难啃的"硬骨头"。这是最高检直接立案办理的第一起公益诉讼案件,如果仅仅依靠以机构的名义下文件发通知,那必然如同入黔之驴"形之庞也类有德,声之宏也类有能",最终因"技止此耳"而被"断其喉尽其肉"。② 办案成败的关键是寻找到足以撬动杠杆的动力源。党的十八大把生态文明建设纳入

---

① 三省(区)指贵州省、云南省、广西壮族自治区,五县(市)指广西壮族自治区西林县、隆林县,贵州省兴义市、安龙县,云南省罗平县。
② 参见《柳宗元集》,岳麓书社 2019 年版。

"五位一体"总体布局,习近平总书记多次强调生态文明建设是"国之大者",要求各级领导干部特别是高级干部心怀"国之大者"。毫无疑问,加强党对生态文明建设的全面领导是生态文明建设的根本保证,而公益诉讼是督促之诉、协同之诉,只有依靠党的坚强领导,才能统一思想认识,集中行政资源和各方力量,"一揽子"解决网箱清理的后顾之忧。正是基于这一清晰认识,万峰湖专案的办理过程始终突出党的领导的重要性。一是四级检察机关党组"一把手"靠前指挥,相关立案程序由检察长审核把关,各级检察院抽调精干力量充实专案组办案力量,为办好案件提供组织保障。二是为营造良好的办案环境,实现双赢多赢共赢的办案效果,最高检在立案后第一时间即要求三家省级检察机关主动向地方党委政府报告最高检对万峰湖专案的立案情况,争取地方党委政府的理解和支持。三省(区)党委政府主要领导均对专案给予高度重视,并提出指示要求,为协同解决万峰湖流域生态环境受损问题起到了至关重要的作用。

(二)坚持生态优先、绿色发展的新发展路径

"靠山吃山、靠水吃水。"万峰湖库容达 100 多亿立方米,渔业资源得天独厚,依法发展网箱养殖本来无可厚非,何况万峰湖地区地理位置偏僻,经济条件十分落后,广西的隆林县、西林县还曾被列为国家级极度贫困县,网箱养殖被作为地方的支柱产业和财政税收的重要来源。问题在于违法养殖严重破坏了生态环境,有的地方的污染程度已经到了沿湖百姓不能用湖水来洗衣洗发的地步,成了民生之患、民心之痛。但在全面清理违法网箱养殖的问题上,有的养殖户认为"饱汉不知饿汉饥",脱贫致富才是头等大事。有些地方党政领导也认为发展网箱养殖因地制宜,而且不可替代。因思想认识不统一,万峰湖出现了左岸要求清理

网箱，而右岸却在招商引资养殖企业之类的"同湖不同法"现象。

广西某渔业公司是隆林县政府招商引资的龙头企业，其非法养殖的网箱面积达到 24 万平方米，每天投入饵料 30 吨左右，对水体造成严重污染，被专案组确定为督办案件。2020 年 2 月 17 日，即最高检立案 2 个月后，地方党政部门将该企业因清理网箱可能导致 2 亿元经济损失和百余工人失业等后果，以及要求等待疫情结束再处理的建议，经省级检察院上报至最高检专案组。怎么办？养殖污染不同于偷盗等恶性违法，支持民企发展、事关员工生计也在情理之中。但违法投饵一天不停止，湖水污染就会延续或者恶化一天。在要发展还是要保护、是继续办案还是缓一缓的"十字路口"，专案组慎重研究后明确批复：企业的合法权益应当受到法律保护，但对待经济发展中涉及的环境保护问题，应以习近平生态文明思想为指引，坚持生态优先、绿色发展的新发展理念，决不改变清理违法网箱的办案目标，但基于新冠肺炎疫情影响，允许企业在不再投放饵料前提下适当延缓拆除网箱时限，尽可能减少企业损失。2020 年 9 月 13 日，涉案企业自行拆除全部网箱。

（三）坚持绿水青山就是金山银山的核心理念，打造保护与发展并重的经典样板

习近平总书记指出："我们既要绿水青山，也要金山银山。宁要绿水青山，不要金山银山，而且绿水青山就是金山银山。"[①]生态环境保护与经济发展不是矛盾对立的关系，而是辩证统一的关系。发展经济不能对资源和生态环境竭泽而渔，生态环境保护也不是舍弃经济发展而缘木求鱼。在万峰湖专案实现了办案的首

---

① 《习近平生态文明思想学习纲要》，学习出版社、人民出版社 2022 年版，第 27 页、第 30 页。

要目标，即清理湖面违法网箱之后，上下游、干支流的突出污染问题也得到了有效治理，水体水质也恢复到Ⅲ类水质以上时，有同志认为万峰湖专案大功告成，可以鸣金收兵。但最高检专案组清晰地认识到，这一湖碧水是两岸三地数百万群众作出巨大牺牲才换来的。如果专案组这时宣告结案、"凯旋而归"，网箱污染会不会死灰复燃、卷土重来？更令人担忧的是：隆林县、西林县等国家级极度贫困县刚刚脱贫，湖区禁养给老百姓带来的经济收入"亏空"怎么填补？地方会不会增加规模性返贫压力？

习近平总书记指出："绿水青山和金山银山决不是对立的，关键在人、关键在思路。"① 为此，专案组面对上级机关协调主体缺失的现状，"当仁不让"，主动牵头协调推进沿湖五县（市）统一执法监管和统一开发生态渔业，以实现"绿水青山变成金山银山"这一沿湖百姓共同关心期盼的新目标。但与网箱清理的办案目标相比，统一开发生态渔业面临更多的难题：谁来养、怎么养、怎么管以及红利怎么分配等等，众口难调，任何一个环节出现分歧就会难以推进。2021年6月、8月和9月，最高检专案组三次赴沿湖五县（市）调研，召开座谈会，推动相关政府部门坚定绿色发展理念，消除分歧，统一执法监管、统一生态养殖，以期形成共管、共治、共建、共享的新发展格局。为了坚定信心、找到科学方法，2022年6月，最高检办案组在前期多次考察的基础上，推荐五县（市）党委政府负责人到浙江省千岛湖景区、衢州市考察生态渔业项目，进行产业知识培训，最终促成沿湖县（市）政府会签《黔桂滇三省（区）五县（市）万峰湖产业发展框架协议》，合作成立"黔桂滇万峰湖渔业开发有限公

---

① 《习近平生态文明思想学习纲要》，学习出版社、人民出版社2022年版，第27页、第30页。

司"，携手走上万峰湖流域长效保护、绿色发展和乡村振兴之路。

二、价值启示之二：以习近平法治思想为遵循

（一）解决流域治理难题，树立在法治轨道上推进国家治理体系和治理能力现代化的标杆

流域治理是世界性难题，万峰湖流域生态环境受损问题具有大江大湖在治理主张和执行标准方面上下游不同行、左右岸不同步的典型特征，其根源在于跨行政区划管理制度机制的供给不足或者不完善。最高检基于一省（区）检察机关依法履职督促治理难以奏效的现状，根据 2021 年最高检《人民检察院公益诉讼办案规则》关于跨两个以上省或者市、县级行政区划的生态环境公益损害，共同的上级检察机关可以直接立案等相关规定或者原则精神，① 认为有必要由最高检直接立案办理。在专案办理过程中，探索采用检察一体化办案模式。最高检依法统一调用辖区的检察人员组成办案组，同时在地方检察机关设立办案分组。由最高检专案组明确办案目标，统一工作方案，统一研判案件线索，并以交办或指定管辖等方式统一分配办案任务。对重点案件，由最高检督办或者省级检察院提办，下级检察院可以将办案中的重要问题逐级请示上级检察院决定，包括需要最高检直接协调解决的相关问题。

四级检察机关经调查，共依法立案 45 件，其中行政公益诉

---

① 《人民检察院公益诉讼办案规则》第 15 条规定："设区的市级以上人民检察院管辖本辖区内重大、复杂的案件。公益损害范围涉及两个以上行政区划的公益诉讼案件，可以由共同的上一级人民检察院管辖。"

讼案件44件，民事公益诉讼案件1件，① 在清理湖区全部非法网箱养殖的同时，对水面浮房和钓台的生活污水、沿岸垃圾污染、船舶污染、上游河流工矿企业违法排放以及破坏水文地质环境等流域性问题也进行同步治理。为形成跨区划公益保护合力，推动解决万峰湖流域统一执法、统一生态养殖等可持续发展问题，最高检专案组指导三省（区）检察机关共同签署了《关于万峰湖流域生态环境和资源保护协作机制（试行）》，探索开展公益诉讼跨区划管辖。同时，推动万峰湖湖区实行统一联合执法监管。

2022年9月22日，万峰湖专案指导性案例新闻发布会在万峰湖上的三省（区）联合水上检察室召开，满湖碧水尽现眼前，以实证的方式宣告万峰湖治理取得了预期成效。作为通过检察公益诉讼成功治理跨区划大江大湖的典型样本，万峰湖专案示范了以最低的司法成本、最短的时间解决跨行政区划流域治理问题的成功方案，也是检察机关以法治思维和法治方式助推国家治理体系和治理能力现代化的生动实践。

（二）坚持以人民为中心，探索听证办案彰显人民群众的公益主体定位

万峰湖流域生态环境受损涉及三省（区）五县（市），不仅管理主体分散，而且利益诉求多元。为了客观公正评估整改效果、凝聚治理共识，自觉接受社会监督，2020年12月24日，最高检专案组举行第一次公开听证会，邀请全国人大代表、专家学者作为听证员，水利部、生态环境部、农业农村部相关代表列席，三省（区）五县（市）政府领导参加，听证会议题包括两

---

① 参见《第四十一批指导性案例（万峰湖专案）》，载最高检官网 https://www.spp.gov.cn/spp/jczdal/202209/t20220922_578616.shtml。

方面：一是案件办理是否取得整治网箱养殖污染等成效；二是探讨开展渔业生态养殖保护生态的可行性，以及如何通过统一管理等方式实现依法规范治理。

公益诉讼案件有没有办好、能不能结案，不能简单认为由检察官说了算，而是要认真听取人民群众以及相关方面的评价以及意见、建议。办理普通刑事、民事案件，哪怕只涉及一个当事人，也是在办当事人的"人生"。而办理公益诉讼案件，往往关系到行政监管执法、经济社会管理等重要事项，具体涉及案件当事人以外的多元利益主体，包括行政管理对象，特别是可能涉及不特定多数的利益群体和社会民众，或者涉及不同区域之间重大利益关系的调整等。如果通过公开听证等方式征询相关主体代表的意见，评估公益损害救济状况等办案成效，将更加有利于形成共识，提升公益保护的实效。即使对于尚未付诸实践或者具有探索性质的治理对策，也有必要借助公开听证，确保治理措施的合法性和可行性。

2022年9月23日，最高检专案组在黔西南布依族苗族自治州检察院召开万峰湖专案第二次公开听证会，围绕沿湖三省（区）五县（市）统一开展生态渔业如何确保万峰湖优质水体，跨三省统一执法监督如何彻底解决流域生态环境问题展开讨论。与第一次公开听证会相比，除了邀请生态环境部、农业农村部、水利部的代表和五县（市）党政负责人外，还邀请了中科院水生生物研究所专家和国内生态渔业的龙头企业——浙江千岛湖发展集团代表担任听证员，提供生态渔业的科学指导意见，给万峰湖统一开发生态渔业的五县（市）参与者吃下了"定心丸"。这次听证会采用互联网直播方式，通过最高检微博、头条号、央视频号、微信视频号、抖音号、快手号、中新网、正义网、B站号进行视频直播，9月23日上午12时，听证会视频直播总观看人数达301.8万人。无独有偶，为走好网上群众路线，最高检"南四湖"流域生态环境受损公益诉讼专案组曾在2022年2月10日，首度"破冰"以互联网直播形式举行听证会，长达两个半小时的听证会结束时在线观看人数竟达1200万人。这两个公益诉讼专案的公开听证，为检察机关开展公开听证开了先河、打了样，彰显了公益保护为了人民、依靠人民的宗旨理念。

三、 价值启示之三：坚持和发展马克思主义中国化时代化

推进马克思主义中国化时代化是一个追求真理、揭示真理、笃行真理的过程。在解决"公地悲剧"这一世界性难题时，只有把马克思主义基本原理同中国具体实际相结合、同中华优秀传统文化相结合，才能守正创新，形成并不断完善公益司法保护的"中国方案"。

（一）基于诉的形式，而不拘泥于诉的定律，实现公益保护最佳司法状态

万峰湖专案中，最高检指导地方检察机关办理的44件行政公益诉讼案件均在诉前结案，其中通过磋商程序解决问题8件，通过制发检察建议解决问题36件。共督促五县（市）相关行政主管部门拆除非法养殖网箱53.93万平方米，水上非法浮房、钓鱼棚等设施899个，清理湖面8.1万平方公里、漂浮垃圾22万吨，持续十多年的湖面非法养殖、沿湖岸线及干支流污染等问

题，在不到一年时间内得到有效解决。^① 如今，万峰湖国控断面的水质自动监测数据已经接近规模养殖前的Ⅰ类水质标准。

检察机关提起公益诉讼，是以诉的方式督促行政机关依法履职，但如果拘泥于传统的行政诉讼程序，不可能达到这样的办案效果和办案效率。如果机械理解法律，即使要清理拆除一家违法养殖户哪怕数平方米大的网箱，也必须向法院起诉，以行政机关为被告，并且追加行政相对人作为与诉讼请求具有利害关系的行政第三人。如此走程序，也许历时二三年也走不完一审、二审、再审等漫长的"马拉松"诉讼。而且，因为诉讼只看重具有强制力的裁判结果，而诉讼的过程充满各种不确定性，一旦卷入诉讼，行政机关的监管职能也将进入停摆状态，直到争议解决才恢复。一般来说，检察机关与行政机关在多数情况下并不存在是非不清的争议，不需要经过诉讼裁判来定分止争，或者说分配权利义务。就行政公益诉讼系督促之诉的定位和任务而言，效率价值更为优先，也就是说，让公益保护问题尽快得以解决，更符合制度设计的初衷，更符合国家治理现代化的规律与目标。

公益诉讼是一项新制度，不能因为立法的局限性而停止创新的步伐，为了解决实际问题应坚持用好规则、用活法律的精神。在万峰湖专案办理过程中，四级检察机关都优先适用与行政机关的诉前磋商程序，能磋商解决的就不发书面检察建议；检察建议能解决的就不起诉；即使提起了诉讼，能在判决前解决的就不必等判决。如此，在监督中实现双赢多赢共赢，在督促履职中推进法治建设。

---

① 参见《第四十一批指导性案例（万峰湖专案）》，载最高检官网 https：//www.spp.gov.cn/spp/jczdal/202209/t20220922_578616.shtml。

（二）依托事后督促，激活前端协同，促进诉源治理

万峰湖违法网箱养殖问题涉及多个侵权违法主体，同时涉及多地多层级多家行政机关。最高检基于公益损害事实"以事立案"后，即着力督促地方政府依法履职，在管辖水域内清理违法网箱，到2020年9月已全部完成清网任务，顺利实现公益诉讼专案的第一阶段办案目标。为防止污染现象反弹，专案组确定以推动沿湖五县（市）联合执法和统一开发生态渔业为第二阶段的办案目标。因为该目标任务在性质上并不属于纠正违法行为，最高检专案组探索由三省（区）五县（市）地方检察机关不采用督促履职的行政公益诉讼办案方式，而主要发挥与行政机关之间的协调和联络作用。出乎意料的是，办案进展相当滞缓，过程十分曲折。一年多过去，五县（市）代表在听证会上的高姿态发言迟迟难以落实到具体行动方案上。原因在于各打各的小算盘，唯恐"吃了亏"难以向"父老乡亲"交待而举棋不定。不少地方看见检察机关对生态养鱼"开了绿灯"，就提议或者直接在本县管辖的库湾布网封湾、"重操旧业"。如果放任不管，不仅跨区划统一管理和统一开发将变成泡影，而且各自为政的结果必定是违法养殖、垂钓等乱象接踵而来，万峰湖也必将再度污而"不治"。

怎么办？检察机关依法可以通过提起公益诉讼监督行政机关的违法行为，对于跨区域的流域污染，共同的上级检察院可以立案办理公益诉讼案件，但污染治理后的污染源防治，是否属于检察机关的管辖范围？就万峰湖流域而言，共同的上级行政机关是国务院或者相关部委，法律并未赋予其处理万峰湖如何统一管理等纯粹属于地方性管理事务的法定职责，那么，该由谁来协调国家或者地方相关部门协同履职呢？最高检作为共同的上级检察机关是否可以成为协调主体？专案组研究认为，公益诉讼不是检察

机关包打天下，督促之诉也是协同之诉，检察机关激活行政机关主动、协同履职是公益诉讼制度的设计初衷。激活行政机关协同履职既包括对违法行政行为的纠正，也包括行政行为的诉源治理活动。对于前者，检察机关可以开展公益诉讼；对于后者，检察机关可以提出社会治理检察建议，但不能提起公益诉讼。因万峰湖统一管理、开发活动归于诉源治理，检察机关可以成为行政机关协同履职的协调主体。在万峰湖流域共同的上级行政机关缺位或者难以协调（不包括纠正行政违法行为在内）诉源治理活动的，最高检作为共同的上级检察机关可以协调相关行政机关（包括有关国家部委机关）协同履职。不过，行政机关可以不接受上级检察机关的协调建议，并且不具有可诉性，上级或者同级检察机关不能以此适用《行政诉讼法》第 25 条第 4 款之规定①，对不接受协调的行政机关提起行政公益诉讼。

2021 年 5 月，最高检专案组主动协调生态环境部、农业农村部相关司局，为万峰湖流域协同生态开发渔业提供了明确的政策支持；2021 年 6 月、9 月，水利部珠江水利委员会协同生态环境部南海流域监督局对万峰湖库区开展水行政专项执法行动；2021 年 9 月，最高检专案组又赴贵州省兴义市、广西壮族自治区隆林县协调推动沿湖五县（市）建立统一执法机构和共同成立渔业开发公司；2022 年 3 月，五县（市）党委政府决定成立联合执法指挥部，对湖区实行统一联合执法监管，万峰湖流域长效保护机制落地见效，诉源治理取得新的成效。

---

① 《行政诉讼法》第 25 条第 4 款规定："人民检察院在履行职责中发现生态环境和资源保护、食品药品安全、国有财产保护、国有土地使用权出让等领域负有监督管理职责的行政机关违法行使职权或者不作为，致使国家利益或者社会公共利益受到侵害的，应当向行政机关提出检察建议，督促其依法履行职责。行政机关不依法履行职责的，人民检察院依法向人民法院提起诉讼。"

最高检发布第四十一批指导性案例
（万峰湖专案）新闻发布会实录

发布时间： 2022 年 9 月 22 日

发布地点： 黔桂滇三省（区）万峰湖联合水上检察室

发布内容： 最高检举行新闻发布会，发布第四十一批指导性案例，通报万峰湖专案主要情况，并回答记者提问

出席人员： 张雪樵　最高人民检察院副检察长、二级大检察官

胡卫列　最高人民检察院检察委员会委员、第八检察厅厅长

刘家璞　最高人民检察院第八检察厅主办检察官、二级高级检察官

主持人： 丁海东　最高人民检察院新闻办公室新闻宣传处处长

[**丁海东**] 各位记者朋友，大家上午好，欢迎参加最高人民检察院新闻发布会。"万峰之湖，高原明珠"。今天，最高检将新闻发布会的现场搬到了风景秀美的万峰湖，在黔桂滇三省（区）万峰湖联合水上检察室，也是检察办案第一线，发布最高人民检察院第四十一批指导性案例——最高检督促整治万峰湖流域生态环境受损公益诉讼案。

出席今天发布会的嘉宾是：最高人民检察院副检察长、二级大检察官张雪樵；最高人民检察院检察委员会委员、第八检察厅厅长胡卫列；最高人民检察院第八检察厅二级高级检察官刘家璞。

今天的发布会主要有两项议程：一是发布最高检第四十一批指导性案例，通报万峰湖专案主要情况；二是回答记者提问。

万峰湖专案是首例由最高检直接立案办理的公益诉讼案件，也是新时代检察机关深入学习贯彻习近平生态文明思想、习近平法治思想，依法能动履职、加强溯源治理的生动检察实践。最高检对此案高度重视，张雪樵副检察长亲自担任专案组组长。

在办案过程中，最高检通过探索以事立案，破解涉案主体众多等难题；运用一体化办案机制，突破办案阻力；持续跟踪监督，推动环保治污七大方面问题全面解决，探索总结了一系列跨行政区划重大疑难复杂公益诉讼案件办理工作经验。专案的成功办理让万峰湖重现一湖碧水，为保障湖区及周边群众的生产生活安全、助推"珠三角"经济社会高质量发展发挥了重要作用，也为解决"公地悲剧"的世界性难题提供了中国特色社会主义司法、特别是公益诉讼的经典范例。

下面，进行第一项议程，请张雪樵副检察长通报万峰湖专案主要情况。

[张雪樵] 各位记者朋友：大家好！万峰湖流域生态环境受损公益诉讼案（以下称"万峰湖专案"）是最高人民检察院直接办理的第一起公益诉讼案件，经最高检第十三届检察委员会第九十七次会议审议通过，今天作为指导性案例正式发布，并且是第一次采用"一批次一案例"的形式发布，同时也是第一次在办案现场发布指导性案例。

下面，我就案例发布的有关情况向各位作以下介绍。

一、 发布本次指导性案例的背景

检察公益诉讼制度是党中央作出的，以法治思维和法治方式助推国家治理体系和治理能力现代化的重大改革举措，也是习近平法治思想的原创性重要成果。检察公益诉讼全面实施以来，检察机关深入贯彻落实习近平生态文明思想和习近平法治思想，坚持"绿水青山就是金山银山"理念，始终将生态环境与资源保护公益诉讼工作摆在突出位置谋划部署，采取了一系列务实举措落实党中央"用最严格制度最严密法治保护生态环境"的要求。

自 2017 年 7 月 1 日检察公益诉讼制度全面实施以来，截至 2022 年 8 月 31 日，检察机关共立案办理公益诉讼案件 70.2 万件，其中生态环境与资源保护领域案件 35.3 万件，在公益诉讼案件中占比超过 50%。

2019 年 11 月，贵州省人民检察院向最高检反映了万峰湖流域生态环境污染公益诉讼案件线索。最高检调查查明，万峰湖地处广西、贵州、云南三省（区）接合部，水面达 816 平方公里，蓄水量达到 100 多亿立方米，是我国十大水库之一，其水质事关沿岸 50 多万人民群众的生产生活和珠江流域的高质量发展。

由于该地区污染防治工作滞后，网箱养殖无序发展，导致湖区水质恶化严重，整体水质在 III 类或者 IV 类以下，部分水质甚至达到劣 V 类。虽经中央生态环境保护督察组两次督察整改，但未能根治。

经综合分析研判，2019 年 12 月，最高检决定基于万峰湖流域生态环境受损的事实直接进行公益诉讼立案。历时一年，通过办案督促整治，万峰湖生态环境污染问题得到有效整改，湖面非法养殖、沿湖岸线及干支流污染等问题得到有效解决，水质持续好转。今天我们面前的万顷碧波都是Ⅰ类或者Ⅱ类的优质水体。

万峰湖专案的成功办理，是中国特色社会主义的体制优势转化为国家治理和社会治理效能的又一个真实写照。万峰湖专案指导性案例发布，彰显了公益诉讼检察在跨区划生态环境受损问题解决上的独特价值作用，为破解"公地悲剧"这一世界性难题提供了"中国方案"，同时对省级以上人民检察院直接办理生态环境和资源保护领域的公益诉讼案件、检察一体化办案模式的运用以及检察机关以办案为中心推进诉源治理等起到示范引领作用。

二、 万峰湖专案蕴含的实践内涵

万峰湖本来山清水秀，因为盲目发展、无序养殖，导致流域污染日趋严重，虽经中央生态环境保护督察，贵州省、云南省、广西壮族自治区所辖湖区陆续开展了治理行动，但由于地跨三省（区）五县（市），上下游、左右岸的治理主张和执行标准不统一，流域污染拖延多年一直无法根治。

治理不好的原因在哪里？是水的问题还是鱼的问题？实质是人的思想问题。凡是污染溯源都可归结到人类活动，万峰湖污染的根源也恰恰是政府部门的思想观念。是要绿水青山还是要金山银山？是生态保护优先还是经济发展优先？

万峰湖专案的首要目标是清理网箱，办案一开始就碰到了"硬骨头"，广西F集团旗下的G渔业有限公司是隆林县招商引资的龙头企业，其非法养殖的网箱面积达到24万平方米，每天投入饵料约为30吨左右，对水体造成严重污染。针对发展与保护的矛盾问题，2020年2月17日，广西壮族自治区检察院将地方反映的关于清网行动缓一缓、等一等的要求报请到最高检，怎么办？

在何去何从的十字路口，我们坚持以习近平生态文明思想为指引，生态优先、绿色发展的路子不动摇，绝不改变清理违法网箱的办案目标。

万峰湖专案是习近平生态文明思想的具体实践。四级检察机关从万峰湖流域生态环境的具体情况出发，在法治轨道上实现立案模式、办案模式和结案追求的创新，更是为践行"绿水青山就是金山银山"理论提供路径和经验。

从办案前的黑臭水体到今天的一湖碧水，从第一阶段的违法网箱清理到第二阶段的生态渔业开发，彻底否定"先污染，后治理""只看经济效益，不重环境保护"的错误发展思路，进而督促相关政府在生态优先、科学养殖前提之下探索生态养殖，努力成为跨区域公益诉讼中检察机关助力"绿水青山就是金山银山"的生动实践，打破了环境保护与经济发展的"零和博弈"，化"绿水青山"为"金山银山"，为破解"公地悲剧"，走生态优先、绿色发展之路树立具有实践指导意义的典范。

流域治理是世界性难题，大江大湖上下游不同行、左右岸不同步的顽症痼疾同样是摆在我们面前的难题。然而，正是这种矛盾或者冲突，使得中国特色的检察制度拥有更为广阔的法治舞台，使得跨行政区划公益诉讼的法理基础表现得更为充分。

检察权可以其法律监督的属性和垂直管理体制为后盾，利用跨行政区划公益诉讼检察，有效促进地方行政权的依法行使，克服地方越权执法、多头执法、选择性执法或者不作为等实践中存在的突出问题，有力破除体制性、机制性、保障性障碍，促进依法行政，在更高水平、更深程度、更广范围上推进法治政府建设。万峰湖专案传承了中国长期以来形成的"无讼""少讼"传统，以最低的司法成本、在最短的时间解决横跨三省（区）的湖泊流域问题，办成了多年想办而没办成的难事，这就是国家治理体系和治理能力的现代化。

万峰湖专案告诉我们，跨行政区划公益诉讼检察不仅是一项司法制度，更代表了社会治理理念的更新、社会治理模式的转型，有效弥补了政府权力的单向性、有限性以及社会事务的复杂性所带来的履职不力，有利于提升多元主体共治的系统性、协同性、整体性，顺应了推进国家治理体系和治理能力现代化的时代要求。

三、 本案的指导意义

本案主要有如下几个方面指导意义：

（一）对于案情复杂、一时难以确定监督对象的公益损害线索，可以基于公益损害事实立案

流域性生态环境重大公益受损问题往往涉及多个侵权违法主体，还可能涉及多地多层级多个行政机关，一时难以确定具体监督对象。为避免公益损害继续扩大，人民检察院即使尚未查明具体违法履职的行政机关，或者实施具体侵害公益的民事违法主体，也可以基于公益损害事实及时立案。

（二）对于江河湖泊流域性生态环境治理或者跨行政区划重大公益损害案件线索，上级人民检察院可以依法直接立案

跨两个以上省、市、县级行政区划的生态环境和自然资源公益损害，被公认为是治理难题，各地执法标准不一，治理进度和

力度不同，由具有管辖权的各个基层人民检察院直接办案难度较大，对此，所涉行政区划共同的上级人民检察院可以直接立案。

（三）发挥检察一体化优势，上、下级人民检察院统分结合，充分发挥各自的职能作用

上级人民检察院可以采用检察一体化办案模式，依法统一调用辖区的检察人员组成办案组，或者在下级人民检察院设立办案分组。上级人民检察院统一制定办案方案，明确办案目标、办案形式、办案步骤、办案要求等内容，统一把握案件进度、标准，通过案件审批、备案审查等方式把关具体案件立案、调查、磋商、制发检察建议、听证、提起诉讼等关键办案环节，统筹指挥开展办案活动。

（四）发挥检察听证作用，评估办案成效，凝聚治理共识，提升办案效果

检察机关办理公益诉讼案件，往往关系到行政执法监管、经济社会管理的主要事项，具体涉及案件当事人以外的多元利益主体，包括行政管理对象，特别是可能涉及不特定多数的利益群体和社会民众，或者涉及不同区域之间重大利益关系的调整等。对于公益诉讼的阶段性治理成效，通过公开听证会等方式征询相关主体代表的意见，对公益损害救济状况、办案成效进行评估，有利于形成共识，提升公益保护的实效；对于尚未付诸实践或者具有探索性质的治理对策，也有必要借助公开听证听取各方面意见，确保治理措施的合法性和可行性，更好践行公益保护为了人民、依靠人民的理念，更好落实"谁执法谁普法"普法责任制，实现"办理一案、警示一片、教育影响社会面"的良好办案效果。

（五）以跨区划流域治理问题为导向，建立常态化公益保护机制，推进诉源治理

万峰湖流域因为多头管理、难以管理、都不管理现象突出，导致养殖污染严重，只有通过沿湖五县（市）统一、严格规范下的生态养殖，统一联合执法和检察协同督促，才可能有效根治违法养殖导致污染，守住一湖碧水，才可能通过科学利用湖泊资源，助力脱贫区域乡镇振兴，造福一方百姓，打造绿水青山就是金山银山的样板。

以上是"万峰湖专案"指导性案例的主要内容。

[**丁海东**] 谢谢张雪樵副检察长。下面进行第二项议程，请各位记者朋友提问。

[**新京报记者**] 从发布的指导性案例看，万峰湖专案确实比较复杂，请问检察机关在办案中，是侧重从哪些方面依法履行职责，突破瓶颈阻力，让"平湖明珠"重现光彩的？

[**胡卫列**] 万峰湖专案涉生态环境受损问题，历时时间长，横跨三省（区），污染种类多，违法领域多，监管层级多，情况复杂，矛盾交织，最高检直接立案办理，取得了显著的办案成效。作为最高检直接立案办理的第一起公益诉讼案件，办理过程中出现了很多意想不到的问题，最高检在办理理念、办案模式、工作机制等方面作出积极探索。最高检运用一体化办案模式，组织多地、多级、多个相关检察机关参与，对跨省区重大公益诉讼案件办理具有示范意义，具体说有以下几个突出特点：

一是最高检直接立案，大检察官担任主办检察官，体现责任担当，强化办案力度。二是坚持"双赢多赢共赢"理念，争取党委政府支持，凝聚各相关主体公益保护共识和合力，推动跨区域协同综合治理。三是探索"以事立案"，解决公益受损责任主

体众多、情况复杂等导致以监督对象立案难的问题。四是运用一体化办案模式，组织多地、多级、多个检察机关凝聚检察合力，破解办案力量、办案阻力等现实问题。五是运用公开听证等办案方式，对案件办理质效进行客观评价，提高司法公信力，提升办案说服力和诉前程序司法化水平。六是借助"外脑"外力，邀请专家对办案中遇到的专业问题进行咨询评价，运用无人机、快速检测设备等提升调查取证效能。七是落实"绿水青山就是金山银山"理念，兼顾生态保护与民生福祉，避免机械司法、简单司法，在生态优先前提下，统筹生态环境保护与经济高质量发展。

[**法治日报记者**] 从媒体公开报道看，最高检办案组曾就万峰湖专案召开了一次公益诉讼检察听证会。请问，为什么要开检察听证会，它对办案发挥了什么作用？

[**刘家璞**] 听证是检察机关司法办案的一种重要方式，从公益诉讼的办案实践看，听证不仅有利于检察机关全面、及时、准确查明案件事实，正确适用法律，妥善作出决定，增强监督的即时性和时效性，还有利于保障群众知情权、参与权、监督权，促进司法公开和民主。通过释法说理，实现案结事了政和人和，凝聚共治合力。

万峰湖流域生态环境受损涉及三省（区）五县（市），管理主体分散、利益诉求多元，各方认识不一，为了评估整改效果、凝聚治理共识，自觉接受社会监督，2020 年 12 月 24 日，最高检办案组对该案公开听证。通过检察听证，专家听证员和其他参加人员肯定了办案取得的成效，形成了下一步沿湖五县（市）统一开展生态开发、协同规范治理、推动万峰湖流域生态环境持续向好的共识。最高检办案组结合听证意见，综合考虑案件实际，对该案作出了终结案件决定，同时开启办案"后半篇文章"，推动沿湖五县（市）联合执法监管和统一生态养殖，既要绿水青山，又要金山银山，切实造福沿湖人民群众。

在检察机关的推动下，相关政府部门坚定绿色发展理念，消除分歧，沿湖五县（市）形成共管、共治、共建、共享的新发展格局，推动对湖区实行统一联合执法监管，合作成立"黔桂滇万峰湖渔业开发有限公司"，在"治标"基础上实现"长治"，携手走上万峰湖流域长效保护、绿色发展和乡村振兴之路。

当前万峰湖专案第二阶段工作已基本完成。为评价万峰湖专案第二阶段工作取得的成效，论证开展生态渔业如何确保万峰湖一湖碧水，三省（区）五县（市）不同行政区划如何确保统一执法，明日上午九点最高检将召开万峰湖专案第二次听证会，敬请媒体朋友和广大网友关注最高检官网官微和中国检察听证网。

[张雪樵] 2020 年 12 月，最高检专案组在兴义召开了第一次公开听证会，明天将在兴义召开第二次公开听证会。公开听证是检验检察机关作为法律监督机关在处理公益保护问题是否做到了公正，接受社会监督的重要方式，在监督检察机关的同时，也在监督与公益损害相关行政机关是否履职到位。明天的听证会会通过最高检微博、头条号、央视频号、微信视频号、抖音号、快手号、中新网、正义网 B 站号等进行视频直播，听证重点是如何在开发中既保持绿水青山，又实现"金山银山"，例如怎么养鱼与怎么管护的利益分配问题等。

[南方都市报记者] 自 2017 年 7 月检察公益诉讼制度建立，已有五年多时间，检察机关通过公益诉讼，解决了类似万峰湖污染等一大批"硬骨头"问题，请问检察公益诉讼发挥其独特治理效能的制度逻辑是什么？

[**胡卫列**] 检察公益诉讼制度是在全面依法治国、全面从严治党的大背景下，以法治思维和法治方式推进国家治理现代化的重要制度设计，其发挥治理效能的制度逻辑就是党的统一领导下统筹协同、综合发力的政治优势和社会主义制度优势。万峰湖专案的办理充分彰显了公益诉讼助力系统治理，统筹公益保护、长效机制建设与服务经济社会发展的独特效用。

一是坚持党的领导。党的领导是公益诉讼制度发展的根本保障，也是检察机关解决办案中具体问题的工作方法。在专案办理中，广西、贵州、云南三省（区）检察机关主动向当地党委政府汇报专案工作进展情况，得到了高度重视和大力支持。二是坚持以人民为中心。维护人民利益是我国检察公益诉讼制度的目标追求和方向指针，人民群众的支持和参与是制度发展的基本途径和强劲动力。专案办理正是想群众之所想、急群众之所急，切实推动关系当地人民群众切身利益的污染问题解决。在办理专案中，专案组既严格依照法律，又充分考虑各相关主体的现实利益以及人民群众不同利益的平衡。在能否结案问题上，通过公开听证引入公众参与，整改成效满不满意让人民群众说了算。三是坚持依法规范履职。检察公益诉讼是一项具有中国特色的司法制度，既有严格规范、公开透明的程序要求，增强了司法办案的公信力，也有司法强制力、权威性的刚性保障。检察机关在办案中严格依法开展调查取证、提出检察建议，督促行政机关自我纠错，以提起诉讼作为后盾，有效保障办案目标实现。四是坚持协同共治。检察机关是法律监督机关，并不是污染治理的直接主体，是通过督促行政机关依法履职促进协同治理、系统治理。

[**检察日报记者**] 近年来，最高检和省级检察院办理了一大批自办案件，从办案实践看，公益诉讼案件办理应当在哪些治理

环节着力才能更好地发挥制度效能？

[张雪樵] 万峰湖专案是最高检直接立案办理的第一起公益诉讼案件。从2021年开始，最高检要求所有省级院都要直接办理公益诉讼案件，截至2021年底，实现32个省级院直接立案全覆盖，包括最高检也办理了影响比较大的南四湖专案。今年，最高检还立案办理了长江流域船舶污染治理公益诉讼专案，从长江上游云南开始，到贵州、四川、上海等11个省（市），我们同步推进解决长江流域船舶造成的生活污染、含油污水、固废等污染问题治理，落实好长江保护法。

为什么作出这样的要求呢？一是省级以上检察院行政层级高、掌握的资源多，碰到县级检察院难以推动的公益诉讼案件，由省级以上检察院办理推动，既能办好案件解决问题，又能加快办理速度，做到既好又快，实现国家治理能力现代化。二是解决一些职能分工不明确、法律规定不清晰的问题，如"九龙治水水不治"困境或者必须齐抓共管的"老大难"问题，由上级院办理往往能够有效推动问题解决。三是起到"办理一案、警示一片、教育一面"的作用。如果基层院办理公益案件，可以推动完善本区域问题的解决。以此类推，最高检、省级院可以从更高层面、更广范围推动完善社会管理的漏洞和短板，实现源头治理。这是近几年省级以上检察机关办理公益诉讼案件的一个非常突出的作用点、影响面。实践已经证明中国检察公益诉讼制度有独特的制度功能，具有强大的生命力，也是具有鲜明中国特色的崭新的司法制度。

[丁海东] 因为时间关系，提问就到这里。再次感谢各位媒体朋友今天来到万峰湖联合水上检察室现场，参加我们的新闻发布会，发布会正式议程到此结束。

二、专家解读

四级检察机关一体化办案的生动实践[*]

王灿发[**]

从 2019 年 12 月 11 日万峰湖专案立案，到 2020 年底案件办结，最高检发挥一体化办案优势，采取"统分结合、因案施策、一体推进"的办案模式，整合四级检察机关办案力量，以公益诉讼推动万峰湖流域污染问题解决，其中的办案经验很值得总结和推广。

一、 跨行政区划的环境公益诉讼需要较高层级的检察机关协调推进

由于我国生态环境管理体制条块分割，跨行政区划的环境污染和生态破坏的治理，历来是环境保护中最棘手的问题。万峰湖地处广西、贵州、云南三省（区）接合部，涉及范围广，又在经济欠发达的西部地区，污染源众多，污染原因复杂，仅靠任何一地的检察机关或者政府部门，很难解决问题。最高检根据本案的特点，以一体化方式办案，整合四级检察机关办案力量，充分

---

* 本文原刊载于《检察日报》2022 年 9 月 29 日第 7 版。

** 王灿发，中国政法大学二级教授、中国环境科学学会环境法学分会主任委员。

发挥不同层级检察机关的职能作用，统一指挥办案活动，不仅给了地方各级检察院办案的动力和信心，也在实际上给了地方各级政府及其有关部门解决环境问题的压力。因此，由较高层级的检察机关牵头，协调办理跨行政区划的环境公益诉讼，解决地方政府长期难以解决的环境治理问题，是一个非常成功的办案经验。

之所以能够高效地协调不同行政区检察机关一体化办案，是因为最高检与地方各级检察院、上级检察院与下级检察院之间是领导与被领导的关系，这决定了最高检可以直接给地方各级检察院分派任务，调集力量，指挥工作。检察机关办理跨行政区划环境公益诉讼案件更有优势，应当充分利用这种优势，发挥更大的作用。

二、 万峰湖专案为检察机关环境公益诉讼敢啃"硬骨头"作出示范

万峰湖专案在地域上跨三个省（区），在层级上涉及四级政府，甚至引起了省（区）党委的重视。在治理对象方面，涉及非法网箱养殖、水面浮房和钓台、船舶、垃圾、违法排放废（污）水等污染和破坏水文地质环境等问题，并有相当一部分企业是当地招商引资而来或者缴税大户。通过环境公益诉讼，不只解决了个别污染源和小的违法问题，更对万峰湖的环境问题有整体的治理和改善。因此可以说，万峰湖专案为公益诉讼检察敢啃"硬骨头"、善碰"硬钉子"、能起大作用作出了示范和引领。只要各级检察机关善于运用法律赋权、紧密依靠党委支持、将证据收集和事实查证工作做深做细，就一定能办成一些环境公益诉讼的大案要案，在生态文明建设和环境治理中发挥其不可替代的作用和影响。

三、 磋商是解决重大、疑难、复杂行政公益诉讼案件的重要程序措施

生态环境损害赔偿制度把磋商规定为生态环境损害赔偿的必经程序。但公益诉讼检察的磋商不是必经程序，且只适用于行政公益诉讼，方式也更为丰富。万峰湖专案为公益诉讼检察中磋商程序的采用积累了经验。

一是检察机关与有关行政部门对法律规定和职责范围的理解分歧较大时，应当进行磋商。万峰湖专案中，针对改装船无配备污水集中收集装置或过滤、净化设施导致生活污水和垃圾直排问题，百色市检察院认为百色海事局怠于履行河流域防治船舶污染的监督管理职责，但百色海事局认为改装船为钓客提供食宿应定性为涉渔船舶，非海事监管范围。百色市检察院先后两次与百色海事局进行磋商，了解该局的主张和理由。该院将此报广西壮族自治区检察院后，自治区检察院与自治区海事局沟通协商，最终问题得以解决。

二是涉及到县级以上政府的，应当进行磋商。万峰湖专案中几个重要问题的解决，都涉及到与县级以上政府的磋商。比如，针对西林县辖区的非法网箱养殖污染问题，西林县检察院与西林县政府进行磋商，促使县政府很快成立整治工作指挥部，组织有关行政机关对万峰湖西林水域生态环境开展综合整治。针对罗平县辖区船舶污染问题，罗平县检察院与罗平县政府进行磋商，促使县政府发布整改公告，要求相关行政机关积极履行监督管理职责。

三是需要多部门合作协同履行职责的，应当进行磋商。万峰湖专案中，检察机关对涉及多部门履职的行政公益诉讼，启动磋

商程序，使各部门达成一致，合作协同履行法定职责。比如，针对隆林县辖区的非法网箱养殖污染问题，隆林县检察院与生态环境局、农业农村局进行磋商，确定由两部门共同加大清理力度，拆除非法网箱；针对兴义市部分安置区雨污未分流的污水直排问题，兴义市检察院同与此相关的住建、水务、环保及兴义市十个街道办等部门进行多次磋商，对未有效整改的再发出检察建议加以督促，取得了较好的效果。

检察机关在办理行政公益诉讼案件中，特别是办理重大、疑难、复杂案件，可以尽量利用磋商程序加以沟通，了解问题症结所在、被诉行政机关理由，实现"诉前实现保护公益目的是最佳司法状态"。即使磋商不成，再发检察建议或者提起公益诉讼，其根据会更加充分，也才能使起诉方立于不败之地。

总之，万峰湖专案作为由最高检直接办理的一起跨行政区划的环境公益诉讼案件，成效显著，经验丰富，需要认真加以总结。一方面可以为今后类似案件的办理提供指导，另一方面也可以从办理该案遇到的问题及其解决方法中提炼出诉讼规则，助力检察公益诉讼立法。

创新跨区划环境治理路径[*]

秦天宝[**]

万峰湖专案的成功办理，是检察机关全面贯彻落实习近平生态文明思想，践行"双赢多赢共赢"发展理念，打通"两山论"的生动实践。不断发展和完善的中国特色检察公益诉讼制度在推进国家治理体系和治理能力现代化的同时，为世界范围内环境公益诉讼制度及全球环境保护工作提供了"中国智慧"和"中国方案"。

一、跨区划环境治理的当代之治

跨区划不是越区划，而是诉讼效率和办案质效的重新组合。跨区划公益诉讼检察在万峰湖专案中实现了立案方式、办案方式、结案追求方面的创新发展。同时，跨区划公益诉讼检察有利于实现诉讼定位与治理功能的统一、诉讼结果与治理实效的统一、司法办案与"三个效果"的统一。

跨区划不是越权限，而是公益诉讼检察普遍性与特殊性的有机统一。行政区划公益诉讼检察常态化与跨行政区划公益诉讼检察补充性相结合，在普遍性指导下探索跨行政区划公益诉讼检察

* 本文原刊载于《检察日报》2022年9月29日第7版。
** 秦天宝，武汉大学二级教授、环境法研究所所长、中国法学会环境法学研究会副会长兼秘书长。

的特殊性，充分认识到跨行政区划公益诉讼检察是对行政区划公益诉讼检察的补充和完善，二者虽是不同检察监督方式，但是具有共同的责任担当和历史使命。

法与时转则治，治与世宜则有功。2021 年 7 月 1 日起正式实施的《人民检察院公益诉讼办案规则》将跨区划管辖予以正式确认。建立跨区划公益诉讼协作机制，促进形成条块结合、上下联动的协同工作机制，通过运用法治思维和法治方式对跨区划公益诉讼中的难题进行破局，用法治途径破解了"九龙治水"而"水不治"的局面。

二、 立案标准的例外探索

"以事立案"是马克思辩证唯物主义下矛盾普遍性与特殊性相结合原理的体现。有明确的被告是公益诉讼检察的普遍性要求。实践中由于生态环境案件的复杂性，被告一时难以确定，但这并不代表被告一直是不明确的状态，换言之，"以事立案"是在尊重矛盾特殊性的条件下具体问题具体分析。"以事立案"作为"以人立案"的例外和补充，能够合力保障不论违法主体是否明确都能实现尽快立案办理，保护受损公益。

"以事立案"是检察权能动主义的体现。一是创建了以对象立案为基础，特殊状态下的、规模化的、以事立案为补充的模式，实现了公益诉讼检察在立案标准上的新突破。二是在环境行政公益诉讼的风险预防领域，从立案条件及立案对象上实现了创新。

"以事立案"是成本收益分析原则和比例原则的体现。生态环境的脆弱性和不可逆性意味着修复的高成本和高难度，生态系统功能丧失期间的损失更是无法估量，"以事立案"介入时间的先后与投入成本高低是成正比的，但具体的介入节点要谨慎考虑。从比例原则角度来看，"以事立案"体现了必要性和均衡性，有助于最大限度减少环境公益的损失，达到相同有效性手段下的最小损害效果。

三、 一体化办案模式的重新解读

最高检直接立案办理的万峰湖专案，完成了从国家层面对跨区划公益诉讼检察协作机制的确认与推动，体现了马克思主义的系统优化原理——统筹考虑，优化组合，运用综合的思维方式来处理整体与部分、部分与部分之间的关系。

在万峰湖专案中实现的跨区划公益诉讼检察一体化协同办案机制，并非物理融合层面的一体化，而是一种有机融合，目的是实现办案功能的一体化。除了可以实现办案人员力量的补充，最大的优势是可以充分发挥省级院、分州市院、县级院各自的职能作用，最大程度地节约了司法资源，达到了检察一体化"$n+1 > n$"的融合效果。

四、 合作式环境治理的创新

检察机关在万峰湖专案办理的全过程中，在以人民为中心的发展思想引领下，与行政机关、社会主体积极开展磋商、听证等形式的协商对话，在平等对话中找出环境问题的症结所在，从而使环境公益得到了更好的维护。这是对传统环境治理理念的创新，标志着合作式、开放式新型环境治理模式的到来。

检察机关落实"诉前实现公益保护是最佳司法状态"的办案理念，优先与有关行政机关就其是否存在违法行使职权或者不作为、公共利益受到侵害的后果、整改方案等事项进行磋商。在

"点到为止"的对话程序中，通过交换意见达成"最大公约数"方案，在制度正常运转下以"无讼"之名实现"诉讼"目的。从实践效果来看，万峰湖专案中，大多在诉前程序已实现了环境治理的目的，也验证了合作式环境治理的有效性。

最高检通过检察听证的结案方式评估办案成效，凝聚治理共识，与各相关主体在对话协商的基础上开展合作，以实现公共行政效能的最大化，构筑起以行政力量为第一线、检察力量与司法力量为第二线、社会公众全程参与监督的环境公益保护模式。

五、 丰富习近平生态文明思想的实践内涵

万峰湖专案是习近平法治思想和习近平生态文明思想的具体落地。一方面，在习近平法治思想的引领下，检察机关在办案过程中坚持党的领导，在以人民为中心的发展思想引领下，与行政机关磋商办案，在公开听证中充分发挥人民群众的主体作用，在法治轨道上实现了立案模式、办案模式和结案追求的创新，在保证全面依法治国正确方向的前提下推进良法善治；另一方面，检察机关在习近平生态文明思想的引领下，把握马克思主义自然生态哲学智慧，在尊重自然客观规律的基础上充分发挥主观能动性，实现了从整治环境到推动生态产品价值的纵深发展。

本案中，万峰湖流域三地政府在检察机关的督促下，在生态优先、科学养殖的前提之下探索生态养殖，正在成为跨区划公益诉讼中检察机关助力"绿水青山就是金山银山"的生动实践，提供了打通"两山论"的路径和经验，为走生态优先、绿色发展之路树立了具有实践指导意义的典范。

六、 推进国家治理体系和治理能力现代化

公益诉讼检察体现了全面深化改革、全面依法治国背景下，以法治方式推进国家治理的制度价值。跨区划公益诉讼检察不仅是一项司法制度，更代表了社会治理理念的更新、社会治理模式的转型，有效弥补了政府权力的单向性、有限性以及社会事务的复杂性所带来的履职不力，有利于提升多元主体共治的系统性、协同性、整体性，有利于提高国家治理效能。

综合价值向度、制度向度、协调向度等因素，决定了跨区划公益诉讼检察是一项投入小、成效大、阻力少、点赞多的具有中国特色的司法制度，为解决"公地悲剧"这一世界性难题提供了"中国方案"，同时顺应了推进国家治理体系和治理能力现代化的时代要求。

推动公益诉讼检察规则生成与运行[*]

刘加良^{**}

作为最高检立案办理的第一起公益诉讼案件，万峰湖专案在践行以办案为中心的原则和落实检察听证、跟进监督制度方面可圈可点，为做好公益诉讼检察提供了可复制、可推广的经验，为公益诉讼检察规则的生成与运行作出了重要贡献。

一、 以办案为中心的优秀样本

办案是检察机关履行法律监督职责的重要手段。以办案为中心，法律监督才有坚实的着力点、广泛的切入点和持续的发力点。公益诉讼检察拒绝不办案，排斥办简单案、凑数案、挂名案。公益诉讼检察应瞄向大案要案难案，尝试从更高层面推动解决跨区域、跨领域、跨行业的普遍性问题，努力从规模、质量、效率三个方面提升办案效果。

万峰湖流域涉及广西、贵州、云南三个省域，其污染具有全流域性，多头管、都可管、都不管、管不好、短期管的现象突出，单靠一省之力难以实现有效治理，这需要最高检的组织与协

---

  * 本文原刊载于《检察日报》2022 年 9 月 29 日第 7 版。

  ** 刘加良，山东大学法学院教授。

调，以整合办案的存量资源、注入办案的增量资源。万峰湖专案由最高检直接立案，剑指跨省域公益诉讼管辖难的问题，可为省级检察院办理跨市域公益诉讼案件以及市级检察院办理跨县域公益诉讼案件提供管辖标准方面的指引，进而为上级检察机关自办、领办、提办、交办、督办公益诉讼案件提供操作指引。万峰湖专案的直接办案目的是解决非法网箱养殖导致的污染问题，但办案成效不限于可视化污染类问题的解决，还包括干支流等深层次污染类问题的解决，这与专案组的人员构成和以案代训的办案模式密不可分。专案组由最高检从本院及广西、贵州、云南三地检察机关抽调办案骨干组成。最高检和省级检察院办案人员深入基层一线，多次现场办公，加大沟通协调力度和排除地方干扰，统筹岸上岸下和干流支流，最高检和省级检察院带头办案的引领作用得以充分发挥，最高检和省级检察院办案人员的实践经验得以补足；根据一体化工作机制被调用人员的办案视野变得更为广阔、理论功底变得更为扎实、经验积累变得更为丰富。万峰湖专案对人才之双向培养和全方位锻炼的经验十分可贵，有助于地方检察机关借鉴解决公益诉讼办案部门力量薄弱、能力不足的瓶颈性难题。办案期限内，专案组克服新冠肺炎疫情这一不可抗力带来的不利影响，提前实现直接办案目的，但没有就案办案，而是注重发挥检察公益诉讼在国家治理体系中的积极作用，就保护和发展万峰湖流域、实现生态美与百姓富的下半篇文章进行了探索。万峰湖专案时限明确、节点严格，有效克服了以事立案带来的办案压力，及时地实现了政治效果、法律效果和社会效果的统一。

二、 检察听证的上佳案例

2020 年 9 月 14 日，《人民检察院审查案件听证工作规定》发布。该规定第 4 条第 1 款规定，检察机关办理公益诉讼案件，在事实认定、法律适用、案件处理等方面存在较大争议，或者有重大社会影响，需要当面听取当事人和其他相关人员意见的，经检察长批准，可以召开听证会。从法条规定来看，召开听证会不是公益诉讼结案的必经流程和规定动作。2020 年 12 月 24 日，万峰湖专案公开举行结案听证会，此次听证会是最高检召开的首场公益诉讼案件听证会，使得万峰湖专案再添一个首案特征。万峰湖专案听证会明确了公益诉讼案件必须举行听证会的实践标准，验证了检察听证制度设计的科学性，促进了行政公益诉讼诉前程序司法化的进程，保障了人民群众对万峰湖专案的知情权、参与权与监督权。

鉴于不依法履行监管职责的行政机关和民事违法行为主体难以确定，万峰湖专案采取以事立案的标准，使公益诉讼检察的立案标准形成以人立案为常态、以事立案为补充的体系。万峰湖湖面治理难题主要在于不同省域的行政机关执法标准不一致、执法力度有差异、跨区域执法协作机制不健全。万峰湖沿岸土地少、产业不发达，农户收入低、主要经济来源为鱼类养殖。秉持"向前看"、侧重面上治理和治标治本相结合的行政公益诉讼更具优势，更容易获得沿岸民众的理解与支持。诉前程序行政机关整改率越高，诉前程序司法化改造的必要性就越大。万峰湖专案中的行政公益诉讼没有起诉案例，展示出诉前程序案件办理的极高质量，但诉前程序的封闭运行特征易招致对选择性办案、办案过程不透明、结案标准不严格的怀疑与担心。万峰湖专案听证会邀请与本案无利害关系的 3 名全国人大代表和 4 名专家学者担任听证员，3 名地市级领导代表相关地方行政机关参加，另有 4 名列席代表和 11 名旁听者参与。这场层次较高、参加人员代表性强的听证会，全方位地展示了万峰湖专案的办案方式、过程和成效，增强了诉前程序的公开度和公信力，提高了公益诉讼检察的知晓度和美誉度。

三、 跟进监督的有益尝试

沿湖三地的跨区划检察协作机制、"河湖长 + 检察长"协作机制、跨区域协同立法合作机制、常态化联合执法机制和长期整治规划的确立、完善与落实，需要外力的持续推动。沿湖居民的外迁、沿湖区域的生态补偿和产业发展等短期内无法很好解决的问题，需要更长时间与更高层面的关注。为重点监督万峰湖湖面污染是否反弹、干支流深度污染问题是否有序解决，最高检组织对万峰湖专案进行"回头看"，以巩固办案的效果，使专案的正面效应得以持续和扩大。

万峰湖专案具有重大社会影响，办理过程中投入大量的人财物资源，良好的办案资源投入产出比例应得到持续的捍卫，社会公众对专案效应的稳定性和长久性抱有很高的期待。万峰湖专案所涉的问题繁杂、成因多元，部分问题解决后容易反弹，部分问题的解决并非一日之功，"案结事难了"的现象客观存在，故以"回头看"为主要工作方法的跟进监督十分必要。

跟进监督可以采取明察的方式，也可采取暗访的方式。两种方式各有长处和不足，应根据实际情况加以有针对性的运用。2021 年 1 月的"回头看"活动公开进行，污染问题整治的状况得以直观地呈现在众多的参加人员面前。万峰湖专案的"回头看"活动注重时效性、实质化的特征突出，是对重大疑难复杂公益诉讼案件跟进监督的有益尝试，彰显了专案组对办案效果的十足信心以及对促进解决深层次问题的充分担当，值得各级检察机关日后在办案时加以效仿。标准化、实质化的跟进监督应成为检察机关办理跨区域公益诉讼案件的必要步骤与法定措施，以保证案结事了、公益得到周全保护。

能动履职促进诉源治理[*]

王小钢[**]

万峰湖专案是最高检直接立案办理的第一起公益诉讼案件。专案组能动履职，坚持以人民为中心，发挥检察一体化优势办理重大复杂案件，主动融入社会治理，发挥引领示范作用，在以下四个方面具有重要指导意义。

一、能动履职，积极探索基于生态环境严重受损事实启动公益诉讼检察立案调查

万峰湖专案中，责任主体不仅涉及水务、环保、农业农村等众多行政机关，而且涉及工矿企业、其他单位和个人等民事主体。检察院在初步调查出生态环境严重受损事实时，难以立刻确定负有监督管理职责的行政机关或违法破坏生态环境和资源保护的民事主体，若坚持只有在确定之后才能启动公益诉讼立案程序，环境公共利益就很可能得不到及时有效保护。

最高检能动履职，积极探索"以事立案"模式，将维护环境公共利益的宗旨放在首位。2019 年 12 月 11 日，最高检决定，基于万峰湖流域生态环境严重受损事实启动公益诉讼立案调查。

———————————
* 本文原刊载于《检察日报》2022 年 9 月 29 日第 7 版。
** 王小钢，天津大学法学院教授。

之后，最高检专案组逐步调查核实不同地区、不同层级相关行政机关的监督管理职责和违法民事主体的责任，由面到线、由线到点，结合污染原因和案件事实，交由相应层级检察院办理具体的环境公益诉讼案件。

万峰湖专案的这一成功经验转化为《人民检察院公益诉讼办案规则》第 29 条的规定，赋予检察院经初步调查仍难以确定不依法履行监督管理职责的行政机关或者违法行为人，基于公共利益严重受损事实启动立案调查的裁量权。

二、融合履职，充分发挥上下级检察院基于检察一体化优势的协同增效作用

万峰湖专案中，最高检以一体化方式办理环境公益诉讼案件，整合四级检察机关办案力量，充分发挥上下级检察院的协同增效作用。最高检从本院及三省（区）检察机关抽调办案骨干共同组成专案组，三省（区）分别组建专案分组。

一方面，最高检以事立案的为主案，下级检察院以违法主体立案的为个案，主案与个案统分结合、因案施策，一体推进万峰湖流域环境公益诉讼案件办理。最高检以发出交办函方式，将具体行政公益诉讼案件线索交可能未依法履行监督管理职责的行政机关对应的同级检察院办理，或者将具体民事公益诉讼案件线索交违法行为发生地、损害结果地或者违法行为人住所地的基层检察院办理。

另一方面，最高检给予下级检察院大胆尝试的办案空间，取得了良好的办案成效。办理具体案件的下级检察院也能够在遇到难题时及时请求上级检察院的帮助和指导。下级检察院在办案中遇到其难以克服的困难和阻力时，由上级检察院协调同级行政机

关解决具体问题。

三、 主动融入社会治理，有效开展检察、行政协作型诉前程序中的沟通磋商

一般而言，基层检察院办理环境行政公益诉讼诉前程序案件，有时仅作出制发检察建议的"规定动作"，欠缺自主性和灵活性，在检察机关和行政机关之间难以形成保护环境公共利益的合力。这种诉前程序往往呈现出单向的特征，负有监督管理职责的行政机关有时将检察院看作对立方，不积极配合检察院调查收集证据，甚或采取消极对抗的态度。受制于对立情绪或信息不对称的单向性诉前程序，使得本来通过事前沟通磋商就能依法履行监督管理职责，进而实现保护环境公共利益目标的案件进入到诉讼程序，最后却因为诉讼过程中相关行政机关依法履行监督管理职责，进而使得检察院撤回起诉或变更诉讼请求为确认违法。

万峰湖专案中，最高检专案组统一办案要求，下发有关立案、调查、磋商、检察建议等关键环节的办案提示。地方各级检察院积极与相关行政机关就其是否存在违法行使职权或者不作为、生态环境严重受损的结果、整改方案等事项进行事前磋商。检察、行政协作型诉前程序中的沟通磋商，有助于检察机关了解案件的全貌，行政机关采取的措施、履行监督管理职责的情况、面临的困难或阻力问题等。因此，地方各级检察院在最高检专案组的统筹指导下，有效开展检察、行政协作型诉前程序中的沟通磋商，形成了诉前调查取证、沟通磋商和检察建议层层递进的协作型办案模式。其中，诉前沟通磋商的成功经验后来转化为《人民检察院公益诉讼办案规则》第 70 条的规定。

此外，最高检在立案后要求三省（区）检察院第一时间向

地方党委政府报告案件有关情况，争取党委政府的支持，形成协同保护环境公共利益的合力。最高检进而协调推动沿湖五县（市）联合执法监管和统一生态渔业开发，坚持保护优先、协同保护的原则，强化协作配合，为万峰湖流域生态环境持续改善提供法治保障。

四、坚持以人民为中心，主动召开检察公开听证会，推动办案质效评估机制建设

万峰湖专案中，地方各级检察院通过公开听证会评估办案质效，并将听证意见作为依法办理环境公益诉讼案件的重要参考。针对非法网箱养殖造成的污染问题，隆林县、西林县检察院督促相关行政机关依法履职，在拆除养殖网箱后分别召开公开听证会，邀请全国人大代表、政协委员、人民监督员作为听证员实地巡湖检查。相关辖区非法网箱养殖污染问题整治成效明显，生态环境得到恢复。

三、检察官解读

更好发挥检察公益诉讼制度效能
贡献跨区划生态环境司法保护的"中国方案"*

胡卫列　吕洪涛　刘家璞**

近期，最高检发布了第四十一批指导性案例——最高人民检察院督促整治万峰湖流域生态环境受损公益诉讼案（以下称"万峰湖专案"）。该案作为最高检直接立案办理的第一起公益诉讼案件，在办案过程中，最高检坚持以习近平生态文明思想和习近平法治思想为指引，探索提出"以事立案"新方式、深化一体化办案模式、拓展检察听证功能、持续做好办案"后半篇文章"从而实现诉源治理，既丰富了办案实践，为今后办理同类案件提供借鉴，又极具规则意义，多项成果被《人民检察院公益诉讼办案规则》吸收。同时，"万峰湖专案"开创了指导性案例发布形式上的先例，首次采用"一批次一案例"的形式发布，首次在办案现场发布。为更好地理解和适用本案例，我们拟从办案背景、办案重点难点和办案影响等方面重点加以解读。

---

* 本文原刊载于《中国检察官》2023 年第 1 期。
** 胡卫列，最高人民检察院检察委员会委员、第八检察厅厅长、一级高级检察官；吕洪涛，最高人民检察院第八检察厅二级巡视员；刘家璞，最高人民检察院第八检察厅主办检察官、二级高级检察官。

一、 专案办理的背景和形势

（一）贯彻习近平生态文明思想和习近平法治思想的实践要求

以习近平同志为核心的党中央高度重视检察公益诉讼制度。党的十八届四中全会正式提出探索建立检察机关提起公益诉讼制度，党的十九届四中全会强调拓展公益诉讼案件范围，党的二十大再次强调完善公益诉讼制度。检察公益诉讼制度是党中央和习近平总书记亲自决策、部署和推进的重大改革举措，是习近平生态文明思想和习近平法治思想的重要组成部分。2019 年 10 月，十三届全国人大常委会第十四次会议专项听取最高检关于开展公益诉讼检察工作情况的报告，明确要求"最高检和省级检察院要依法直接办理一些涉及面广、危害大的典型公益诉讼案件，彰显司法权威，发挥法治威力"。最高检直接立案办理"万峰湖专案"，这种"顶格"管辖，本质上是以实际行动贯彻落实习近平生态文明思想和习近平法治思想，将党中央的决策部署实实在在地落实到公益诉讼检察实践。

（二）新形势下公益诉讼检察高质量发展的工作需要

公益诉讼检察工作全面推行五年来，检察机关已经办理公益诉讼案件 70 多万件，工作理念不断更新，办案数量逐年稳步上升，案件范围逐步拓展，办案质效不断提升。同时也要看到，与新时代党中央对全面依法治国的新要求相比，与人民群众对民主、法治、公平、正义、安全、环境等方面的更高要求相比，公益诉讼检察还有一定差距。新形势要求公益诉讼检察向纵深发展、向追求更高质效转型，不断彰显公益诉讼更好地促进国家治理、服务人民群众的制度价值，充分体现其有用、有效、不添乱的功能特点，这就要用更多的案例呈现、更好的效果证明。最高检直接办理"万峰湖专案"，并将其独立作为一批指导性案例发布，为今后最高检和各省级检察院直接办理涉及面广、危害大公益诉讼案件树立了标杆，也为检察一体化办案模式的运用及检察机关通过办案推进诉源治理等积累了有益经验，进一步夯实检察公益诉讼制度发展的实践基础。

（三）跨省级行政区划流域污染治理的检察作为

万峰湖生态环境受损问题由来已久，其地处黔、桂、滇三省（区）接合部，虽经中央生态环境保护督察，贵州省、云南省、广西壮族自治区所辖湖区陆续开展了治理行动，但由于地跨三省（区）五县（市），上下游、左右岸的治理主张和执行标准不统一，流域污染问题拖延多年、无法根治。通过丰富的办案实践，检察公益诉讼独具特色的"公益之诉、督促之诉、协同之诉"的职能定位愈加清晰，激活现有体制机制失灵、僵化、缺漏的功能作用更加明显，最高检直接立案办理"万峰湖专案"，有效破解了仅靠一省（区）难以完成的跨省级行政区划流域污染治理的问题，有力推动解决了跨省级行政区划大江大河大湖协调联动不足的问题。"万峰湖专案"的成功办理，再一次印证了检察机关通过履行公益诉讼检察职能，可让现有体制机制更加完整、完善、有效，从而实现系统治理、协同治理，对解决跨行政区划生态环境受损问题具有独特的价值作用。

二、 专案办理的重点和难点

（一）探索以事立案方式，解决责任主体众多立案难题

横跨三省（区）五县（市）的万峰湖流域生态环境受损问

题客观存在，相关责任主体既涉及不同行政区划和层级，又涉及水务、环保、交通、农业农村、乡镇政府等不同行政部门，还涉及企业、单位、个人等不同民事主体，若按传统的以监督对象立案模式，就需要确定具体的侵权人或负有监督管理职责的行政机关，这样势必需要大量时间进行调查核实，在短时间内国家利益和社会公共利益就不能得到及时有效的保护。为此，最高检探索创制"以事立案"方式，将国家利益和社会公共利益摆在首位，提出基于万峰湖流域跨省（区）生态环境受损的事实立案调查。以事立案，有利于检察机关依法及时有效行使调查取证权，提高办案效率，有利于检察机关化解不必要的办案阻力，争取各方的支持和配合，有利于检察机关更好发挥督促协同作用，更好实现公益保护。

（二）运用一体化办案机制，增强办案合力

"万峰湖专案"问题交织，涉及面宽，工作量大，这就需要充分发挥检察机关上下级领导关系的体制优势，抽调四级检察机关的精干力量，形成分工明确的办案"兵团"，以一体化办案模式完成。一是人员不足，化零为整。在案件办理中，最高检组建由张雪樵副检察长担任主办检察官的办案组，从本院及相关省（区）检察机关抽调办案骨干作为办案组成员，最高检第八检察厅统一负责案件线索管理、关键环节把关、办案人员调度、对外协调宣传以及技术后勤保障，相关省（区）分别组建办案分组，负责摸排案件线索、办理最高检交办和指定管辖的案件，从而形成了以最高检为"龙头"、省级院与市州院为"枢纽"、基层院为"支点"的一体化办案模式。二是工作量大，化整为零。探索自办与交办相结合的"1＋N"专案办理模式，"1"是指最高检以事立案的1个总案，"N"是指针对侵害具体公益问题所立的全部子案件。对于"N"个子案件，在对专案具体线索统一研判的基础上，最高检认为符合立案条件的，原则上以交办方式交由属地检察院办理，接到线索的检察院再开展进一步调查，应立尽立，确实不需要立案或者不符合立案条件的，要层报最高检专案组审批。通过化零为整，有机整合了四级院的办案力量，充分发挥不同层级的职能优势，大大提升了办案能力；通过化整为零，既有效分解了专案办案任务，也有助于属地检察机关破解办案困难阻力，提升办案积极性。

（三）坚持双赢多赢共赢的理念，推动跨区划协同综合治理

万峰湖流域生态环境受损问题涉及三个省（区），由于沿湖五县（市）的经济发展水平不同，管辖的水域面积不同，对万峰湖水资源禀赋利益的需求也不同，从而导致对保护万峰湖生态环境的重要性认识不一，治理投入的资金和力量不一，执法整治的节奏和力度不一，直接影响万峰湖生态环境的非法网箱养殖及非法捕鱼等问题久治不绝，甚至陷入了"越治越乱"的逆循环。为凝聚公益保护合力，破解跨行政区划造成的"各自为政"、保护力量分散问题，"万峰湖专案"立案后，最高检在第一时间即要求三省（区）院分别向党委和政法委报告情况，争取领导和支持，三省（区）党委主要领导均做出支持性批示，凝聚起万峰湖协同综合治理共识，为专案的顺利推进营造了良好的办案环境。为破解跨行政区划造成的万峰湖流域治理制度机制不足等问题，最高检推动沿湖五县（市）党委政府成立联合执法指挥部，对湖区实行统一联合执法监管。为强化公益诉讼检察职能对万峰湖的生态保护作用，最高检通过推动沿湖三市（州）检察院共同签署了《关于万峰湖流域生态环境和资源保护协作机制（试

行)》,并促成建立了跨省级行政区划的黔桂滇三省(区)五县(市)万峰湖联合检察室。在保护受损公益的同时,推动加强流域检察机关之间、检察机关与行政机关之间、行政机关之间的协作,建立跨区划执法、司法协作机制,甚至推动完善流域立法,深化流域生态环境治理。

(四)推进诉前程序司法化,拓展检察听证功能

"万峰湖专案"没有一件行政公益诉讼案件进入诉讼程序,实现了诉前维护公益这一最佳司法状态,但诉前程序的单向性、封闭式运行模式,导致存在公开性不够、程序性不强等问题,检察机关是否完成办案任务,万峰湖流域污染问题是否得到根本治理,沿岸群众是否满意等,都是专案能否顺利结案的"必答题"。为客观评价专案的办案成效,提高专案办理的公信力、说服力,2020年12月24日专案组在贵州省兴义市举行公开听证会。邀请3名全国人大代表、4名专家学者担任听证员,邀请水利部、生态环境部、农业农村部相关代表,以及百色、曲靖、黔西南三地市级政府领导参加,邀请沿湖五县(市)政府领导和群众代表旁听。"万峰湖专案"公开听证既是对整治湖面非法网箱养殖污染等办案实效的综合评价,也是对案件是否符合结案条件的客观认定,实现了实体公正与程序公开并举的办案目的,推动了公益诉讼诉前程序司法化。同时,通过公开听证还进一步巩固办案成效,调动各方积极探讨万峰湖流域渔业生态养殖和生态开发的可行性,推动从整治生态环境到实现生态产品价值的纵深发展,力争以一个案件的办理推动一类问题有效解决,以检察公益诉讼助推当地绿色发展,万峰湖流域正在成为"绿水青山就是金山银山"的生动实践。"万峰湖专案"是最高检直接立案办理的第一起公益诉讼案件,此次听证会也是最高检召开的首次公

益诉讼案件听证会。

一般而言，检察听证的功能是对办案中遇到的疑难复杂事实认定或者法律适用等方面问题进行厘清，但是万峰湖专案拓展了检察听证的功能，该案举行检察听证是对办案成效进行客观评价，问计于民，并凝聚多部门、多层级等相关方面对流域生态环境保护和修复的共识，明确案件延伸的全流域综合治理、生态开发等后续工作，促进制度建设的完善，巩固案件办理效果，防止环境污染问题反弹。

（五）统筹生态环境保护与经济社会高质量发展，推进"两山"理念的落实

万峰湖专案第一阶段工作，彻底解决了湖面非法网箱养殖污染等问题，实现了"绿水青山"的阶段性工作目标。但沿湖五县（市）都曾是国家级贫困地区，当地群众大多靠湖吃湖，如果生计问题得不到解决，网箱养殖等问题很可能再次反弹。为此，最高检未简单停留于就案办案，主动延伸监督触角，着力解决公益受损背后的深层次、隐藏性矛盾。在与沿湖五县（市）充分沟通达成共识的基础上，专案第二阶段工作主要聚焦"绿水青山"与"金山银山"的衔接转化，进一步发挥公益诉讼检察职能作用，统筹万峰湖流域生态环境保护与经济社会高质量发展，推动沿湖五县（市）统一监管执法，统一开发生态渔业，助力实现万峰湖长效治理和绿色发展。在最高检的推动下，2022年6月，沿湖五县（市）党委政府就万峰湖大水面生态养殖项目达成共识，并会签《黔桂滇三省（区）五县（市）万峰湖产业发展框架协议》。2022年7月，推荐组织五县（市）政府分管县长到千岛湖参加生态渔业专项培训。2022年8月，五县（市）合作成立"黔桂滇万峰湖渔业开发有限公司"。在开展诉源治理

时，还注意充分尊重行政机关作为公共利益保护第一顺位代表的地位，严格把握职能界限，坚持"不越位、不缺位、不混同"原则，督促行政机关"治未病"，同步实现"生态美""百姓富"目标。

三、 专案办理的影响和意义

（一）推动省级以上检察机关直接立案全覆盖，在服务中心和大局中彰显检察担当

万峰湖专案成功办理后，最高检又直接立案办理公益诉讼案件 7 件，带动各省级人民检察院直接立案办理案件 160 件，并实现省级院自办案件立案全覆盖，推动解决了一大批重大公益受损问题。2021 年，对涉及山东、江苏、河南、安徽 4 省 8 市 53 条入湖河流的"南四湖"流域生态环境受损问题，最高检直接立案办理，用时一年，督促全流域协力扭转治污困局，重现一湖碧水。2022 年，最高检还立案办理了长江流域船舶污染治理公益诉讼专案，从长江上游云南开始，到贵州、四川、上海等 11 个省（市）同步推进解决长江流域船舶造成的生活污染、含油污水、固废等污染问题治理，将党中央"共抓大保护、不搞大开发"决策部署落到实处。

（二）引领规则创新，推动公益诉讼制度机制完善

万峰湖专案既丰富了办案实践，又极具规则意义，在法治轨道上实现了立案模式、办案模式和结案追求的创新。最高检通过探索以事立案，破解涉案主体众多等难题；运用一体化办案机制，突破办案阻力，提升办案能力；统一调用检察人员成立专案组，解决办理重大疑难案件力量不足问题，以上成果被《人民

检察院公益诉讼办案规则》吸收，推动检察公益诉讼制度进一步完善。此外，最高检持续跟踪监督，以整治非法网箱污染为突破口，推动万峰湖流域环保治污七大方面问题全面解决，探索总结形成了一系列跨行政区划重大疑难复杂公益诉讼案件办理的工作经验；聚焦诉源治理，充分发挥检察公益诉讼制度"公益之诉、督促之诉、协同之诉"的功能优势，推动形成了万峰湖治理开发齐抓共管大格局，统筹万峰湖流域经济社会高质量发展；创新开展"一个案件两次听证"，主动运用互联网直播，更大范围展示专案第二阶段工作成效，让广大网民见证、监督万峰湖流域的绿色发展，进一步提升检察公益诉讼制度的影响力；探索完善"培训+办案+研究"立体化精准培训新模式，以"办案"为核心，调训下级院业务骨干参与办案，跟案学习，开展精准培训，深化业务能力提升，以"调查研究"促进深入思考，推动成果转化运用，实现学、用、研有机结合，为全国公益诉讼检察业务能力建设提供了新路径。

（三）扩大制度影响，为破解"公地悲剧"贡献公益司法保护"中国方案"

流域治理是世界性难题，大江大湖上下游不同行、左右岸不同步的顽症痼疾同样是摆在我们面前的难题。万峰湖专案以最低的司法成本、在最短的时间解决横跨三省（区）的湖泊流域问题，办成了多年想办而没办成的难事。万峰湖重现一湖碧水，流域生态环境更加优美，人民群众更加安居乐业，对公益诉讼制度有了更多赞许，对中国特色社会主义道路更加自信。贵州、广西、云南三省党委政府主要领导对专案办理给予大力支持，要求行政机关主动支持配合检察机关开展公益诉讼，案件办理成效受到中央领导批示肯定。中央电视台系列专题片《为了公众的利益》以上、下两集《万峰湖专案纪实》对专案进行全景展现，各大媒体争相报道万峰湖专案指导性案例发布情况，公益诉讼制度影响力持续扩大，公益保护社会参与度、知晓度不断提升。万峰湖专案发挥公益诉讼检察促进国家治理独特制度效能，高效破解"公地悲剧"难题，也引起了国际法律界人士的高度关注。巴西联邦总检察署高等委员会副主席、前巴西联邦总检察长拉克尔·道奇（Raquel Dodge）指出："中国正在积极拓展检察官的职能，为切实的挑战提供真正的解决方案，也就是（真正采取行动）应对环境损害。"万峰湖专案是检察公益诉讼助力推进国家治理体系和治理能力现代化的生动样本，展现了鲜明的中国特色，为世界他国解决跨区划生态环境治理问题提供了"中国方案"。

参与办理"万峰湖专案"札记

刘 青[*]

两年多前的万峰湖，养殖网箱星罗密布，湖面垃圾四处漂浮，水体浑浊黑臭……如今的万峰湖，湖水清澈明净，两岸万峰叠翠，风光旖旎，呈现出"一湖碧水映蓝天"的优美景象，沿岸人民与自然生态和谐共生的美好画卷正徐徐展开……

万峰湖何以重新焕发勃勃生机？最高检直接立案办理的第一起公益诉讼案——"万峰湖专案"是推动万峰湖从"乱"到"治"的检察答案。我在担任贵州省黔西南州检察院党组书记、检察长期间，带领黔西南州检察机关"万峰湖专案"办案小组全程参与了专案的办理工作。卸任黔西南州检察院检察长以后，又根据最高检办案组的指派，继续参与万峰湖专案第二阶段办案工作。在办案过程中，我们经历了最初面对"九龙治水"的一筹莫展，到最高检直接立案后的倍增干劲、备受鼓舞，再到具体办案过程中遇到的困难挑战、艰难险阻。"功不唐捐，玉汝于成。"通过"万峰湖专案"的办理，我更加深刻感受到，公益诉讼检察制度作为习近平法治思想指引下中国特色社会主义检察制度的伟大创新，是在新时代全面依法治国的背景下在法治轨道上助推社会治理体系和治理能力现代化的重要举措，是解决"公

---

* 刘青，贵州省黔西南州人民检察院原检察长、一级高级检察官。

地悲剧"世界难题和公益司法保护的中国智慧和中国方案。万峰湖专案作为检察机关贯彻习近平法治思想、习近平生态文明思想的具体实践，推动解决了地方党委政府一直想解决、但长期解决不了的跨区域重大环境污染问题。现将自己参与办理万峰湖专案的难忘经历和感受浅记如下。

一、 遇难题：地方检察机关面对"九龙治水"的困惑

万峰湖环境污染问题由来已久。2016 年、2017 年连续两次被中央环保督察组点名，2017 年被中央环保督察组列为重点问题。2017 年，贵州省黔西南州针对水上网箱养殖泛滥、浮动设施管理无序、沿岸污染严重等问题，集中开展了"清源""清网""清岸""清违"专项整治活动。黔西南州检察机关部署开展了检察监督助力"四清"专项行动，专门在万峰湖设立水上检察室，办理沿湖环境污染刑事案件和公益诉讼案件。不到一年时间，贵州辖区内网箱全部拆除，湖水水质明显改善。但黔西南州检察机关在履职中发现，万峰湖一湖连三省（区），水域分割管理，治理主体分散，治理步调不一，治理力度不同，存在"九龙治水"但"九龙治不好水"的重大现实问题。一些污染环境的企业和个人在万峰湖"打游击""躲猫猫"，整个万峰湖流域的生态环境问题没有得到根本改观，云南、广西辖区内的污染问题仍然较为严重，贵州辖区治理成效面临反弹风险。

如何推动破解"九龙治水"的问题，黔西南州党委政府作了很多努力，但成效不大。如何通过检察履职推动万峰湖环境污染问题得到根本整治，一直是困扰黔西南州检察机关的一大难题。一方面我们深刻认识到，检察机关作为国家法律监督机关，在检察履职中践行习近平生态文明思想，护航好绿水青山是义不

容辞的政治责任和检察责任，另一方面我们也深深感受到，要推动解决万峰湖跨区域治理的问题，仅凭黔西南州检察机关的力量显然是无法实现的。

二、 迎转机：最高检直接立案办理万峰湖专案

2019 年底，推动根治万峰湖生态环境污染问题迎来了重大转机。最高检第八检察厅主办检察官刘家璞等同志到黔西南州调研时，我们将万峰湖流域污染问题作为重大案件线索作了汇报。最高检第八检察厅高度重视，实地调查后建议我们通过贵州省检察院向最高检报告，提请立案。

2019 年 11 月 28 日，我们通过贵州省检察院向最高检呈报了《关于提请最高人民检察院对万峰湖流域治理立案的专项报告》。12 月 11 日，最高检决定直接立案办理"万峰湖专案"，并成立了由副检察长张雪樵任组长，第八检察厅及广西、贵州、云南三省（区）四级检察机关骨干共同组成的专案组。这是最高检直接办理的第一起公益诉讼案，四级三地检察机关一体化办案，发挥公益诉讼检察职能推动解决"上下游不同行、左右岸不同步"问题就此拉开了序幕。贵州省立即抽调全省三级院办案骨干组成工作专班，在最高检专案组的指挥下不断推进案件办理工作。

三、 重协作：推动形成多元治理格局

在具体办案中，我们越来越深刻地感受到，万峰湖污染问题难以根治的症结是三省（区）五县（市）协同作战不够。因黔西南州已率先完成了网箱拆除等水上治理工作，最高检立案后，黔西南州检察院办案小组讨论确定了两个工作重心：一是推动两

岸三地常态化协同履职，形成多元化治理格局；二是在最高检统筹下，围绕湖岸工业污染源、农业污染源、生活污染源深入开展线索摸排，通过办案推动湖岸及干支流治理。

在推动协同治理上，我们就办案中遇到的具体困难和问题加强向党委、人大、政法委请示报告，积极争取支持。2020 年 9 月 16 日至 18 日，黔西南州人大常委会与广西百色市、云南曲靖市人大常委会在广西隆林县召开会议，就跨区域协同立法合作范围、合作机制等内容达成一致意见，共同签署了《百色市、黔西南州、曲靖市人大常委会跨区域协同立法合作协议》。协议签订后，黔西南州检察机关积极推动州内相关部门协同履职，与州河长办、生态环境、水务、自然资源、住建等部门在信息共享、线索移送、联席会议、咨询协助等方面达成广泛共识，推动形成协同治理、联防联控局面。同时，主动加强与广西、云南两地检察机关协作，2020 年 10 月 27 日，黔西南州检察院与广西百色市院、云南曲靖市院共同签署了《关于万峰湖流域生态环境和资源保护协作机制（试行）》，就"依法协同、沟通配合、统一尺度、共治共赢"达成共识，为三地检察机关形成合力，推动万峰湖形成多元共治局面奠定了基础。五县（市）检察机关就建立检察协作机制达成一致意见，联合制定万峰湖流域生态环境公益诉讼检察案件跨区划管辖暂行办法。专案办理过程中，两岸三地检察机关协同履职，湖面网箱养殖污染治理、水上违法浮动设施清理工作全部完成，长期整治规划有序落实，干支流源头污染问题逐步改善解决，湖水水质持续好转，解决了仅仅依靠一个地方根本不可能解决的问题，解决了中央环保督察连续两次点名仍拖而不决的问题，万峰湖专案实现了预期办案效果。

四、 再出发：始于办案但不止于办案

万峰湖专案虽已结案，但办案成效如何巩固？如何走上生态优先、绿色发展的可持续之路，让转产上岸的老百姓过上好日子？如何落实好习近平总书记"两山"理论，将"绿水青山"变成群众的"金山银山"？沿湖三省（区）五县（市）党委政府高度关注群众关心的这些问题。为做好万峰湖专案"后半篇文章"，最高检专案组明确了以习近平总书记"两山"理论为指导，在生态优先、科学养殖前提之下可探索生态养殖，助力沿湖居民增收致富的工作思路，并指派我继续负责推动万峰湖后续开发与利用的相关协调工作。

带着新的使命与任务，我再次奔赴一线，为推动联合统一执法，协调五县（市）多次在黔西南开展座谈和调研，推动五县（市）公安、生态环境、交通运输、水务、农业农村、综合执法等部门开展联合执法行动，为协同保护和开发统一了思想。2022年3月，五县（市）成立联合执法指挥部，对湖区实行统一联合执法监管，建成了约1000平方米的五县（市）水上联合检察室并购买了执法船只。围绕推动两岸三地在生态优先的前提下以发展生态渔业养殖、绿色农业、环保野钓、民俗旅游等方式协同开发万峰湖，解决沿岸群众生活问题，我们还推动五县（市）党委政府多次召开座谈会，就万峰湖联合开发保护达成广泛共识。推动兴义市牵头五县（市）联合开展保护与开发利用调研，形成了《万峰湖流域保护与利用产业发展调研报告》和《万峰湖流域保护与利用产业发展项目清单》。2022年6月，五县（市）党委政府就万峰湖大水面生态养殖项目达成共识，并签署《万峰湖产业发展框架协议》。2022年8月，五县（市）合资成

立了黔桂滇万峰湖渔业开发有限公司……万峰湖正走上生态优先、绿色发展、乡村振兴的可持续发展之路。

万峰湖专案是检察机关践行习近平生态文明思想的生动实践，四级三地检察机关一体化办案，为推动解决跨区域重大公益损害问题提供了实践样本，充分彰显了公益诉讼检察制度在服务保障中国式现代化，推进国家治理体系和治理能力现代化中的独特价值。参与万峰湖专案的办理，我有几点深刻体会：一是最高检直接立案办理万峰湖专案，为推动解决跨区域治理"上下游不同行、左右岸不同步"问题提供了新的办案思路；二是跨行政区域的地方党委政府协同落实主体责任、相关职能部门认真协同履职，是万峰湖形成协同治理、协同保护与开发的必由之路；三是两岸三地检察机关在最高检直接指挥下协同履职、一体办案，是万峰湖专案取得预期成效的关键所在；四是持续做好"后半篇文章"，推动三省（区）五县（市）对万峰湖联合保护与开发利用，实现经济效益、生态效益和社会效益多赢，体现了检察机关强烈的履职担当和为民情怀。"万峰湖专案"虽已结案，但公益司法保护、满足人民群众对美好生活的需要永远在路上，我们将为此不懈努力、接续奋斗。

尽还清湖映万峰[*]

林俊杰^{**}

万峰湖宛如一颗璀璨的西南明珠，镶嵌在滇黔桂之间，被垂钓爱好者奉为"垂钓天堂"。如今的万峰湖碧波荡漾，白鹭飞翔，湖区人与自然生态和谐共生，一片祥和。这样一个生态美好、人湖和谐的环境，正是公益诉讼检察落实习近平生态文明思想和习近平法治思想的生动样本。

一、指令传来组战队，检察一体鼓斗志

2020 年 1 月，最高人民检察院《关于开展万峰湖生态环境保护专案有关工作的通知》到达自治区检察院第八检察部，最高检决定直接立案办理万峰湖专案，同时指令自治区检察院抽调骨干力量组建广西办案组。看到通知，我有些忐忑，自治区院公益诉讼检察部刚刚组建半年，人手不够、办案经验不足是现状。在这种情况下，如何组建队伍，怎样完成专案任务，我陷入了沉思。我一边着手向院领导汇报，一边派出情报收集分析队伍去摸情况。

情报迅速反馈回来，摸清了万峰湖的基本情况、掌握了万峰

---

* 本文原刊载于《中国检察官》微信公众号，2023 年 1 月 18 日。
** 林俊杰，广西壮族自治区人民检察院第二检察部主任（原任第八检察部主任）。

湖专案的来由。兵贵神速，我立即召集部门研究，组建以自治区、百色市、隆林县、西林县公益诉讼干警为主体的广西办案组。在正式建组前，与百色市检察院领导电话沟通，因案件可能会涉及百色市县两级相关政府及其部门，需该市县两级院参加办理。该市检察院领导表示积极参与。经院领导批准，万峰湖专案广西办案组成功组队。

至 2020 年 5 月，随着万峰湖案件办理的推进，办案工作量增大、任务加重，办案力量不足、人手吃紧的问题凸显。经院领导同意，决定抽调有丰富侦查工作经验的百色市右江区检察院副检察长带领检察官及技术人员加入办案组，以加大取证力度、加快取证进度。与此同时，因办案出现较大技术取证需求，自治区院技术处、百色市院技术部门派出专门技术人员组成强大技术团队进行水陆现场勘查、取证。广西办案组办案人员顶峰时期达到50 余人，纵向由自治区、市、县三级检察机关四个检察院派出办案人员，横向有四大检察、技术、办公室等各部门人员参与，在办案实战中践行了最高检要求的检察一体化办案，为圆满完成交办任务提供了队伍保障。

二、 讲政治顾大局， 敢监督善监督

2020 年 3 月 17 日，自治区检察院向自治区党委、政府呈报了《关于最高人民检察院对万峰湖生态环境受损情况开展立案调查的报告》，将万峰湖生态保护现状、万峰湖专案的来源及广西检察机关相关工作情况、案件办理面临的困难和问题、工作思路等向自治区党委、政府作了报告。自治区领导高度重视，自治区政府主席、自治区政府副主席等领导均在报告上作出批示，要求各级政府及部门配合检察机关办案。2020 年 5 月 8 日，自治

区党委副书记到万峰湖开展巡查，实地督办万峰湖整治工作。6月4日，自治区政府副主席主持召开万峰湖生态环境问题整治工作会议，专题研究万峰湖生态环境问题整治工作，形成坚决清理万峰湖污染源的会议纪要。生态环境厅、水利厅等相关厅局多次深入万峰湖开展巡查了解情况，并多次与自治区院进行沟通交流，有效指导条线行政机关落实整改。百色市政府对专案工作高度重视，层层压实责任定出最后期限，认真抓好整改落实。

2020年春节，西林县检察院检察长韦涧鸣刚到任，收悉组建广西办案组指令后，立即向县委县政府汇报了最高检立案的情况、广西办案组的要求。2020年3月，我带领广西办案组再次与西林县委县政府领导进行沟通磋商。西林县委县政府多次召开专题会议研究整治工作，印发相关工作方案，调整充实万峰湖西林县辖区水域环境综合整治工作指挥部，集全县之力开展集中整治行动。同时强调整治工作必须要依法进行，突出法治而得以有序开展整治工作。西林县作为西部贫困县，在疫情影响、财力有限的情况下，干部群众全体动员，截至2020年6月18日，该县养殖网箱、浮房均全部拆除且无群众上访事件。

最高检立案时万峰湖最大的污染在广西，广西最大的污染在隆林县，隆林县最大的污染在网箱养殖，网箱养殖最大的污染在某渔业有限公司。该公司在湖面有241068平方米网箱，占隆林县万峰湖水域养殖网箱一半以上，其投资过亿元。该公司系隆林县招商引资项目，但存在超面积养殖、不按养殖证规定的养殖方式养殖、无证养殖等违法情形，该公司高密度规模化投料养殖同时喷洒各类鱼药的养殖方式，是造成万峰湖水质污染的主因之一。该公司养殖规模大，存鱼量大，受疫情影响售鱼难，企业存在拖延情绪，拆除进展缓慢。其他规模相对较小的养殖户则存在观望态度。某渔业公司的网箱成了最难啃的"硬骨头"。

经研判我们认为，万峰湖规模化养殖有其历史原因，隆林县是深度贫困县，要引导当地行政机关和人民群众，办案的目的是要以新发展理念推动人与自然和谐共生。办案组的同志与隆林县领导多次沟通，诠释公益诉讼检察职能，全方位解读最高检专案办理要求，积极争取理解与支持。同时，办案组多次与某渔业公司负责人沟通，告知因考虑到该企业的实际情况，虽然检察机关已经收集相关证据但尚未对其提起民事公益诉讼，对其明确时限主动拆除网箱。经多方努力，2020年8月，某渔业公司养殖网箱全部撤除，隆林县水域其余养殖网箱、浮房也全部清理完毕。

三、 高屋建瓴勇担当， 现场督导解难题

广西办案组一开始就做好打集群战役准备，但是突如其来的新冠肺炎疫情给办案带来了极大困难。最高检专案组及时召开远程视频会议作动员、稳军心，此后又定期召开工作调度视频会议及时总结通报专案情况、部署下一步工作，充分发挥司令部作用为专案组稳扎稳打推进提供支持。疫情防控形势一好转，刘家璞主办检察官立即赶赴广西，研究整治进度，深入湖区巡查。张雪樵副检察长、胡卫列厅长也来到设立在万峰湖上的隆林县检察院天生桥水上检察室查看现场，听取汇报，协调各方，部署工作。

在最高检坚强领导指挥下，广西办案组信心更加坚定，沿着湖岸线和湖面摸排线索，在全面掌握涉湖污染源基础上开展具体的立案整治工作。2020年3月，疫情防控刚放开，自治区院办案成员立即赶赴隆林县，与百色市两级院及办案组会合。广西办案组对万峰湖广西辖区进行全域巡查，多次勘查现场，与相关行

政机关、污染单位磋商，关键节点全程参与。

自最高检到基层院，领导高度重视办案工作，办案组同志精益求精把工作做到极致，全案推进顺利按照预定目标实现，全部污染源被清理整治，没有因案件起诉一个人、一个单位，没有人因案件被追究刑事责任，没有人因案件不服上访，形成共赢局面。

四、 攻坚克难打硬仗， 科技赋能添力量

万峰湖水陆域情况异常复杂，湖区小气候多变，库湾网箱密布，养殖高峰期的网箱甚至占据了主航道。湖水黑乎乎，腥臭味远远袭来，加之供钓鱼者的浮房无序管理，各种垃圾废弃物漂浮，污染非常严重。专案办理从冬天到秋天历经四季，办案组同志们从摸排线索时的寒风刺骨，到令人出门都难的春雨绵绵，再到督促拆除网箱时炎炎夏日的炙烤。条件艰苦，环境恶劣，但专案组的同志们斗志昂扬，以积极的工作热情、极高的工作效率圆满完成了任务。

取证工作庞杂，专业口径深，科技赋能为专案顺利办理提供了支撑。参与专案办理的技术人员使用 5 架无人机组成了无人机编队，对湖面的网箱分布状况、水面浮房、湖边金矿、码头污水直排等现场进行数据收集、现场图绘制，全面航拍收集、固定证据；使用便携式重金属分析仪对金矿污染现场不同深度土壤、尾矿堆检测分析；运用专用设备先后对水域各点位、对养鱼网箱投饵前投饵后水样进行了提取，并请专业潜水队潜入湖底对不同点位的底泥取样，通过技术检验，锁定了万峰湖水质总氮达劣Ⅶ类水的证据。

为了做好结案工作，更好听取意见，广西办案组分别在隆

林、西林召开听证会，邀请人大代表、政协委员、当地群众代表评议案件办理，与会听证员到万峰湖现场巡查后感慨万千，为检察机关的作为点赞。在最高检直接指挥下，滇黔桂三地检察机关在办案过程中密切配合，有效避免了左右岸不同步的问题，实现了办案目标，以法律监督手段整治了 2018 年以来历经两次中央环保督察未解决的污染问题，向党和人民群众交出了一份满意的答卷。

回首来时路，也有风雨也有晴

——再临万峰湖有感

张国苍[*]

岁月不居，时节如流，再次来到万峰湖已是万峰湖专案结束后的一年半。初秋的万峰湖，湖面如镜，树影斑驳，湖水澄澈清幽见底，不时有结群的水鸟飞过，在湖面惊起层层涟漪，无限旖旎风光如画卷般铺就在眼前。这幅画卷里，既有大自然的鬼斧神工，更有检察人的精雕细琢……

2020年1月，在接到最高检"关于开展万峰湖生态环境保护专案"指令后，既兴奋又备感压力。兴奋于从检27年后有幸直接参与最高检立案办理的首例公益诉讼案件，备感压力于罗平县的特殊情况衍生的复杂问题，既有因地处滇黔桂三省交界处可能引发湖域保护推诿扯皮的治理问题，又有沿岸几百户刚脱贫摘帽群众生产生活的民生问题，任何一项处理不当，都可能引发社会问题。

当我带领干警到万峰湖流域罗平段巡湖时，眼前的情景可谓满目疮痍：参差凌乱的钓台、形态百样的民宿、低矮老旧的商店、废弃破败的船舶、铺满湖面的垃圾，像"毒瘤"一般布满

---

* 张国苍，云南省曲靖市人民检察院党组成员、副检察长。

万峰湖，万峰湖不时发出阵阵恶臭。被严重污染的万峰湖和沿线10多万群众对美好生活的向往形成的强烈反差，让我深刻理解了最高检直接立案办理万峰湖专案的原因所在。

曲靖市检察院及时向县委县政府汇报办理万峰湖专案的原因和意义，得到县委县政府大力支持，为之后凝聚县域各方合力、全面推进专案办理提供了重要保障。与此同时，罗平县检察院成立了万峰湖专案工作小组，我任组长。专案组第一时间拿出工作方案，划定工作线路，明确工作目标，细化工作责任。

当我们正按计划推进，联合广西检察院对河流水域摸底排查、收集线索时，突如其来的新冠疫情迟滞了所有计划。无奈之下，只能通过电话询问和查阅材料的方式开展工作，但效果不理想，专案组工作停滞不前。疫情形势刚有好转，专案组就一头扎进现场实地摸排线索。看湖面、走沟壑、查支流、上渔船（钓台）、进农户、拉家常，将万峰湖治理重难点条分缕析地进行梳理：一是库区耕地严重不足，大多数家庭靠打零工、从事渔业维持生计，拆除网箱、水上浮动设施将对经营户造成很大损失及使部分居民失去就业机会，直接影响群众生活。二是万峰湖周围村寨零星散落分布，生活污水集中处理难度大、成本高，单靠县级财政保障难以支撑。三是万峰湖罗平水域属尾水区，湖面漂浮大量生活垃圾，监管治理综合成本高，仅靠属地乡镇力量难以进行全面可持续的监管治理。

如何平衡绿水青山和金山银山？如何统筹当下的群众利益和长远的发展？这些现实难题考验着专案组的每个人。一方面，要把治理万峰湖的现实必要性与当地可持续发展的关系讲通、讲透、讲明白，让群众能听懂并且接受，为后续的拆除工作奠定思想基础。为此，我们一家一户的做工作、勤沟通，一次又一次地跑现场、查实情，一遍又一遍地讲政策、谈发展，引导群众正确认识绿水青山与金山银山的关系。另一方面，切实帮助群众解决实际困难，让群众离湖上岸后也能更好生活，为整体治理工作奠定物质基础。通过协调和自筹相结合，募集资金 65 万元解决湖边西林、万峰等 5 个村庄的路灯照明问题，结束了村庄长期以来没有路灯的历史。蜿蜒向远方的灯光映照着古老的村庄，夜晚路灯下闲聊村民不时发出阵阵欢笑，静与动的碰撞组成了我们心中美丽村庄的最好模样。在了解到湖边半山上只有 26 户人家的小马街村近十年来没有自来水的情况后，我们和驻村干警、村委会一起，沿着崖边陡峭危险的山路为村民寻找水源。经过数日的翻山越岭，终于在狭小的沟里找到一个水源点，但如何解决将水引到几公里外的村庄所需资金又成了新问题。我们一边与水务部门协调资金，同时发动全院干警捐款，用 1 个月时间解决了小村庄的饮水问题。我们还推动为该村配套修建垃圾处理点和污水处理池，防止生活垃圾流入万峰湖造成新污染。

做实前期工作后，万峰湖专案来到了关键处——拆除湖面网箱、钓台等水上浮动设施，清除湖面垃圾等漂浮物。我们着重就库区钓鱼平台污染、周边农业面污染、流域内居民生活污染、监管执法不严等问题及时与相关部门座谈、磋商，并向县委县政府报告，得到县委县政府大力支持。2020 年 4 月，罗平县政府公开发布万峰湖流域罗平段治理通告，从县水务、农业农村、交通、综合执法、林草、生态环境等相关部门抽调 100 余人与鲁布革乡全体干部职工组成综合执法队伍，对湖域内未自行拆除的违法水上浮动设施集中拆除，同步清理湖面及两岸垃圾，安监部门联合县海事部门对万峰湖水上客船和农自用船进行定期检查。在各方共同努力下，湖面水上浮动设施、生活垃圾、船舶污染问题得到彻底解决。针对鱼塘污染长期未整改的问题，我们以公益诉讼为手段进行推动，我带头办理了曲靖市农函大罗平县分校教学实践基地鱼塘、多依河景区三江渔业专业合作社鱼塘、多依村鱼塘养鱼废水直排3件公益诉讼案件，督促曲靖市生态环境局罗平分局、县农业农村局、鲁布革布依族苗族乡人民政府，对鱼塘废水直排入河问题进行整改。至此，万峰湖流域罗平段拆违清污问题全部完成整改。

万峰湖的治理并没有随着"毒瘤"的拆除而结束，后续的"康复"提升工作仍是专案的重要内容。2020年9月，根据最高检专案组的安排，我们再次对万峰湖罗平流域各支流进行线索摸排。排查中发现，黄泥河长底河段大哈木格大桥下有人私搭羊棚养羊，黄泥河支流附近河岸倾倒了大量生活垃圾，多依河沿岸存在生活垃圾、禽畜死体倾倒入河等问题。2020年10月，我们向相关行政机关发出检察建议，上述问题均在规定时限内整改完毕。

2021年1月，为进一步净化万峰湖水质，检察机关和乡政府一起组织当地干部群众在万峰湖开展增殖放流活动，放流鲢、鳙鱼苗近20万尾。通过增殖放流鱼苗吃掉水中浮游生物，让水中超标的氨氮含量回到正常区间，同时增加了库区鱼的产量，使库区渔民收入增加，真正实现绿水青山也是金山银山。

通过专案办理，万峰湖生态污染问题得到有效整治，湖面非法养殖、沿湖岸线及干支流污染等问题得到有效解决，水质持续好转。2020年12月，万峰湖库区国控断面监督点每月一次的断面水质检测结果显示，万峰湖水质达到或优于Ⅲ类水质。到2022年二季度，万峰湖水质均达到Ⅱ类以上，多数监测点水质已为Ⅰ类，万峰湖的青绿底色再次呈现在人们眼前。

万峰湖专案的办理，既是检察机关对"公共利益守护者"的最好诠释，也是检察机关一体化办案机制优势展现的最佳范本。在最高检的统一指挥下，四级检察机关充分发挥各自层级的职能作用，凝聚起案件办理的最大合力，向人民群众交出了一份满意的答卷。党的二十大报告中明确指出：尊重自然、顺应自然、保护自然，是全面建设社会主义现代化国家的内在要求。必须牢固树立和践行绿水青山就是金山银山的理念，站在人与自然和谐共生的高度谋划发展。我坚信，万峰湖专案只是检察机关守护绿水青山的一个缩影，在习近平生态文明思想和习近平法治思想的指引下，随着公益诉讼制度的不断完善，未来还会有更多的"万峰湖故事"被万万千千的检察人通过务实有效的检察履职讲述给社会各界，公益诉讼检察工作也必将如万峰湖这个西南地区的"平湖明珠"一样，绽放出更加耀眼的光芒。

第三部分

万峰湖专案办案资料辑录

一、重要文书

万峰湖专案重要文书

1. 最高人民检察院立案决定书
2. 关于办理万峰湖生态环境公益受损案件的工作方案
3. 关于做好万峰湖专案后期办案工作的通知
4. 最高人民检察院终结审查决定书

最高人民检察院
立案决定书

高检行（民）公立〔2019〕1 号

    本院在履行职责过程中发现贵州、云南、广西交界处的万峰湖生态环境受到破坏，可能损害国家利益和社会公共利益，根据《中华人民共和国行政诉讼法》第二十五条第四款、《中华人民共和国民事诉讼法》第五十五条第二款和《中华人民共和国人民检察院组织法》第二十四条的规定，决定立案调查。

2019 年 12 月 11 日

关于办理万峰湖生态环境公益受损案件的
工作方案

2019 年 12 月 11 日，高检院决定对万峰湖生态环境受到破坏损害国家利益和社会公共利益的情况立案调查。本案是高检院直接立案办理的第一批公益诉讼案件，案涉重大公益保护，又横跨三省五县，办案、协调、指挥均具开创性，为办好本案，经研究，拟定如下工作方案：

一、办案目标

既要启动检察公益诉讼程序解决当前万峰湖公益受损问题，又要关注万峰湖未来的长期保护，力争运用法律、制度、机制等手段实现长效治理。

一是查清万峰湖生态环境受损情况，分清相关主体违法的民事责任、行政责任，以及行政机关不依法履行职责情况。

二是根据查明的情况，以自办、交办、领办、参办、指定管辖等不同形式，启动检察民事公益诉讼或行政公益诉讼程序，保护公益。

三是督促行政机关参照其他地区如太湖治理的先进做法建立协作机制，确保万峰湖长效治理。

四是建议国家层面完善相关法律法规、编制保护规划，从根本上实现万峰湖依法保护。

二、办案方式

本案案涉三省三市五县，涉及到的违法主体和行政机关较多，调查取证的工作量很大，根据院领导批示要求，以专案（系列案）形式运用一体化机制办理本案。

一是在人员组成上，高检院牵头，从贵州、云南、广西三地检察机关抽调人员共同组成专案组，根据案件实际，其下又可设分组。

二是在办案形式上，本案统称为万峰湖生态环境保护系列案（或称专案），办案人员对外统称为高检院万峰湖专案组人员，高检院统一管理案件线索，统一调配办案力量，统一把关各具体案件的线索分流、立案、诉前、起诉等关键程序，统一对外宣传口径。本案最终可能由若干个具体案件组成，力争形成规模效应，促进万峰湖全域生态环境的全面恢复。

三是在调查取证上，根据万峰湖公益受损情况，组成不同的办案组，一方面全面调查取证，查清案件事实；另一方面借助外力，请相关专家或机构出具相关鉴定意见或鉴定评估报告，增加证明力。

四是在沟通协调上，积极与各地政府党委沟通协调，争取支持，促使各地行政机关统一认识，尽量运用磋商或行政诉前程序解决万峰湖生态环境受损问题。在行政机关充分履行职责仍无法保护公益的情况下，启动检察民事公益诉讼程序弥补行政执法不足。

五是在提起诉讼上，对已履行行政诉前程序和民事公告程序仍不能实现万峰湖公益保护的，经高检院审批，依法向法院提起诉讼。

六是在案件效果上，一方面，要加强释法说理工作，本案在办案过程中可能涉及较多群众，检察机关要协助政府相关部门做好工作，在确保社会稳定的情况下推进案件的办理；另一方面，要大力开展宣传工作，通过媒体报道、普法宣讲等方式，大力宣传治理万峰湖的重要意义和检察机关公益诉讼工作的目标和价值导向，为办案工作创造良好的舆论环境，争取更多的支持。

三、工作计划

一是集中开展线索摸排（2019 年 12 月中旬至年底）。指导指挥各地万峰湖生态环境受损情况进行初步调查，统一汇总案件线索。

二是统一分配办案任务（2020 年 1 月）。根据线索情况，采用自办、交办、领办、参办、指定管辖等形式分配办案任务，调查任务明确落实到办案组。

三是全面调查取证（2020 年 3 月底前）。根据初查情况，对符合条件的案件线索予以立案，并开展全面调查，条件成熟的可以磋商解决。

四是启动诉前程序（2020 年 4 月底前）。根据调查和磋商情况，符合条件的依法启动行政诉前程序。对行政机关已充分履行职责的，依法启动民事公告程序。

五是依法提起诉讼（2020 年 7 月之后）。根据行政机关回复、跟进监督情况及有无社会组织提起诉讼等情况，综合考虑案件情况，对符合起诉条件的，依法向人民法院提起诉讼。

六是督促建立相关机制（2020 年 4 月之后）。深度剖析万峰湖生态环境受损的原因，与相关行政机关沟通协调，督促建立相关协作机制，完善治理体系，提升治理能力，实现双赢多赢共赢。

七是建议完善相关法律（2020年）。案件全部结束后，形成综合情况报告通报中央环保督察办公室和中央相关部门，共同或单独向国务院或立法机关提出完善万峰湖整体保护相关法律的建议。

关于做好万峰湖专案后期办案工作的通知

广西壮族自治区、贵州省、云南省人民检察院第八检察部：

为落实"万峰湖专案生态环境保护区域协作机制建设推进会"会议精神，我们对专案后期工作进行了汇总和分解，制定了万峰湖专案后期主要工作安排及分工表，明确了进度要求，现将具体情况通知如下：

一是进一步加大办案力度，提高办案效率，在保证专案直接办案效果的前提下，确保办案工作在年度结案截止时间前全部办结。

二是完善长效治理机制，推动万峰湖流域相关部门加强协作，巩固成效，防止反弹。

三是剖析问题根源，对症下药，坚持保护与开发并重，推动制度创新。

四是提炼工作方法，形成制度，切实发挥高检院直接立案公益诉讼第一案的制度探索创新作用。

五是要依法扎实推进专案组交办的办案任务，特别是要规范与立案、调查、磋商、诉前检察建议（公告）、结案审查等关键办案环节有关的证据调取、文书制作、第三方评估、案件听证、卷宗归档等办案工作，确保办案质量经得起历史的检验。

最高人民检察院第八检察厅

2020 年 9 月 29 日

最高人民检察院
终结审查决定书

高检行（民）公结〔2020〕1号

  本院立案办理的万峰湖流域生态环境受损公益诉讼专案，现已办结。经审查认为，导致万峰湖流域生态环境受损的非法网箱养殖等违法行为已得到彻底纠正，万峰湖生态环境显著改善，国家利益和社会公共利益已得到有效保护，根据《中华人民共和国行政诉讼法》第二十五条第四款和《中华人民共和国民事诉讼法》第五十五条第二款之规定，决定终结审查。

2020 年 12 月 24 日

二、听证会实录

万峰湖专案第一次公开听证会综述

  2020 年 12 月 24 日，万峰湖专案组在贵州省黔西南州召开公开听证会，就专案办理成效和开展渔业生态养殖公开听证。听证会议题：一是办理万峰湖专案，推进整治非法网箱养殖污染等办案工作成效；二是为巩固办案成效，探讨开展渔业生态养殖的可行性，以及通过统一管理等方式实现依法规范生态养殖。

  本次听证会邀请了生态环境部珠江流域南海海域生态环境监督管理局、水利部珠江水利委员会、水利部水库移民司、农业农村部渔业渔政管理局 4 名代表列席；邀请了百色市、曲靖市、黔西南州三地人民政府 3 名市（州）领导代表地方行政机关参加；邀请万峰湖沿岸五县人民政府 5 名领导和 6 名沿岸群众代表旁听。听证员由与本案无利害关系的 7 名社会人士组成（广西、贵州、云南全国人大代表 3 名，渔业养殖、水利行政执法、生态环境保护领域专家学者 4 名）。

  听证会由专案组组长、主办检察官张雪樵副检察长主持，参加听证会的行政机关代表、部委代表依次发言，听证员围绕议题向行政机关提问并发表听证意见。

  听证会按照规定程序进行，围绕两个议题公开听证。

一、 第八检察厅厅长胡卫列介绍万峰湖专案的办案情况

万峰湖专案组共摸排万峰湖流域生态环境受损类案件线索61 条，交办或指定地方检察机关办理 48 条，立案 45 件，其中，行政公益诉讼案件 44 件，民事公益诉讼案件 1 件；经磋商解决6 件，经专家论证协调行政机关解决 2 件，制发诉前检察建议36 份。

通过办案，在三省（区）三级党委政府和各相关部门的共同努力下，已彻底解决万峰湖湖面非法网箱养殖、水面移动设施导致的污染问题，常态化解决湖面垃圾污染问题，全面打击了非法捕鱼等影响万峰湖生态环境的违法行为；干支流工业废水直排问题、垃圾无序堆放问题得到有效解决，目前正稳步推进解决生活和养殖污水直排等其他污染问题。

统筹案件办理与深化长效机制建设，推动建立万峰湖流域五县（市）区域协作治理机制、探索"河湖长＋检察长"协作机制、沿湖各地联合开展地方立法保护工作。

建议研究在万峰湖范围内统一开展生态养殖，通过发展合法环保的养殖产业提高周边居民的生活水平，推广宣传绿色发展理念；建议有关部门加强万峰湖流域横向生态补偿机制的研究；建议在生态优先的背景下，进一步研究完善库区移民后期扶持政策，既促进万峰湖生态环境保护，又防止出现区域性整体贫困。

二、 三市（州）人民政府代表先后围绕两个议题进行发言

李淞（贵州省黔西南州人民政府副州长）认为：一是万峰

湖专案立案以来，行政机关提高政治站位，通过建立健全万峰湖流域治理长效机制、建立南盘江三省联防联控联治机制、持续开展巩固河湖治理"四清"成果行动、推进环境整治常态化、推进执法检查制度化、推进执法工作规范化等方式，依法积极履职，采取有效措施，共同保护万峰湖良好生态环境。二是开启了"渔＋"行动生态渔业高质量可持续发展之路，以渔为媒、以渔为本，在全州统一实施"全面治、大力养、统一销、科学放、规范钓、利益联、'渔＋'实"七位一体的发展路径，带动农特产品销售、康养旅游产业发展、渔业文化宣传推广、休闲渔业产业发展等全产业链发展，全面谱写"清网行动"后半篇文章，同时做好群众利益链接，让沿湖沿岸群众共享生态发展红利，共同脱贫致富奔小康。并在听证会上提供了《万峰湖全域整体放牧式养殖项目实施方案》。

罗世雄（云南省曲靖市人民政府副市长）认为：一是通过建立区域联保机制、严格落实河湖长制等方式建章立制，对万峰湖生态环境进行了科学保护；通过大力实施库区和流域水污染治理项目、大力建设库区和流域集中污水处理设施、着力开展国土绿化行动、推进沿岸农村人居环境整治等工作抓实基础，保护万峰湖生态环境；通过开展库区和流域水污染执法查处、多层次多领域开展执法行动、加强渔业执法、实施环境行政执法与刑事司法联动等工作，对万峰湖生态环境进行了严格监管。二是保护与发展并重，将保护区全部纳入生态红线管理，为生态渔业发展提供可靠的资源和环境保障。建议国家继续加大万峰湖环境治理资金支持力度，加强湖区农村基础设施建设；建议由珠江委员会设立专门的万峰湖管理机构，统一协调、管理、开发万峰湖；建议国家对万峰湖区域市、县实施转移支付。

周付生（广西自治区百色市人民政府副市长）认为：一是高检院立案办理万峰湖生态环境受损公益诉讼专案后，百色市政府依法积极履职，在层压责任、落实推进的努力下，百色市最终拆除养殖网箱面积 535960 平方米；主动作为实现万峰湖流域长效治理，搭建市县两级"河长＋检察长"公益诉讼工作协作机制，加快推进《百色市万峰湖保护条例》的立法进度，统筹开展水域环境综合治理多职能部门的执法联动。二是从水库初级生产力和水环境基本状况的角度看，万峰湖发展生态养殖科学合理，但必须解决如何平衡、统一三市（州）万峰湖资源开发的政策、规划、管理等多个层面的问题。首先要改善地区经济发展、资源、基础设施水平的不平衡；其次生态养殖规划的执行离不开强大的监管合力；最后要提高库区居民的收入水平，增加收入渠道，才能减轻当地居民对渔业养殖的过度依赖。

三、 万峰湖沿岸五县人民政府领导分别作补充发言

潘顺丹（广西自治区隆林县人民政府副县长）补充道：对于万峰湖流域生态环境的治理，政府高度重视，开展了大量工作，2018 年以来拆除全部网箱，隆林库区已没有网箱养殖，通过处理相关线索，对相关妨害生态环境保护的行为进行坚决打击，湖面环境得到全面有效的整治。建议由更高机关部门牵头，沿岸三省（区）应当统一标准、统一品牌、统一进行养殖；适当提高库区渔民后期扶持标准；建议更高层面按照"谁受益，谁付费"的原则，对农民安排相应的保障资金，并给予生态保护相应的投入补助。

农海燕（广西自治区西林县人民政府副县长）补充道：西林县分两个阶段进行整治，分别为 2018 年、2020 年 1—4 月。

截至 2020 年 5 月 7 日，已经完成养殖网箱及沿湖生活垃圾、污水处理的全面整治等。赞成万峰湖保护与开发并存建议，在保护青山绿水的基础上，将万峰湖丰富的资源转变为真正的金山银山；建议上级机关加大对库区产业基础设施建设等的资金投入，支持西林发展。

王玮（云南省罗平县人民政府副县长）补充道：高检院立案调查以来，罗平县网箱养鱼全部清理取缔了，2018 年取缔剩余的网箱养殖。已经建立长效机制，没有反弹的情况，同时加大农村排污等治理，确保罗平水域水质保持在二类标准。下一步将进一步提高政治站位，践行习近平生态文明思想，努力创建"两山论"实践基地；加强日常巡查监管，与贵州兴义、安龙、广西西林等加强协调联动，巩固成绩；全面推进绿色发展，加大生态环境等宣传，支持渔民转产转业发展特色旅游等。

李启明（贵州省兴义市人民政府副市长）补充道：贵州省各级党委政府部门高度重视万峰湖生态综合治理，为践行绿水青山就是金山银山，贵州省规划并绘就了"百姓富、生态美"的多彩贵州宏伟蓝图。在生态美好的同时，也要充分考虑到百姓富的问题。一是合理有序发展生态养殖是可行的；二是为了降低原住民的沿湖生态承载力，可否对有搬迁意愿的群众实施生态搬迁；三是以国家层面建立合理的生态补偿机制；四是把万峰湖作为全域旅游的示范地来打造。

李洋国（贵州省安龙县人民政府副县长）补充道：一是万峰湖沿岸土地少、产业单一，当地移民有很大一部分还是很希望能够外迁，是否能从顶层考虑对其进行搬迁；二是万峰湖涉及地域较广，建议对相关开发和搬迁等进行统一规划，依开发标准，各县按标准把关实施；三是若不能实现搬迁，希望能对渔民的生活、生产发展给予更多的补助，提高现有标准。

四、 相关部委代表进行指导性发言

欧阳昊（生态环境部珠江局参会代表）说道：一是非常感谢高检院对珠江水系的保护和支持，万峰湖是珠江流域的重要湖泊，它的环境保护一直是珠江流域保护的重要议题，现在已经恢复了一湖清水，也看到了政府保护万峰湖的决心和意识，为珠江流域全域保护提供了宝贵经验；二是希望高检院、相关政府能够继续支持万峰湖、珠江流域的生态保护工作，若有其他案件需要流域局支持的，一定大力配合支持；三是希望高检院和相关部门持续关注万峰湖及其他水域的持续保护和专项整治，促进成立长效的人水和谐高质量发展的道路。

吕树明（水利部珠江委参会代表）说道：高检院审时度势、积极作为、敢于担当，协同三地政府和检察机关经过一年多的奋战，万峰湖的问题得到基本解决，给全国各地的公益诉讼办案树立了标杆，具有借鉴价值，同时对环境保护和经济发展的关系有一定的思路和对策，赞成环境保护和发展扶持办案理念和思路。

殷海波（水利部水库移民司参会代表）发言道：一是坚决支持万峰湖环境保护和移民搬迁工作，根据相关要求，近年来不再支持发展网箱养鱼等产业，实施生态环境保护是首要工作。二是将支持万峰湖水库库区经济发展，积极协调将万峰湖库区在内的大中型库区产业转型作为重要规划内容进入"十四五"水库移民后期扶持规划，在发挥好库区优质山水资源的同时，鼓励当地政府积极发展其他与库区生态环境保护相适应的产业，且鼓励不同地区政府设立共同资金对相同库区进行发展和保护。

罗平（农业农村部渔业渔政局参会代表）说道：渔业发展

一定要坚守两条底线，依法依规健康发展，按照农业农村部的要求，贵州省、市、县渔业部门认真履职，纷纷制定出台了各级养殖水域滩涂规划，为依法推进渔业产业健康发展奠定了重要基础。各级渔业部门要认真按照渔业法等相关法律法规，严格落实捕捞、养殖许可制度，大力推进库区绿色养殖方式，不投饵施肥，禁止使用禁用渔药，加大工作力度，坚决打击非法捕捞，综合施策，切实巩固提升万峰湖流域生态环境整治效果，推动经济效益、生态效益、社会效益多赢，助推乡村全面振兴。

五、 听证员提问

听证员就专项整治以来水质情况对比、非法网箱以外的其他网箱情况、水华污染问题进行了提问。针对听证员提出的问题，办案检察官和行政机关代表一一作答，解释了非法网箱养殖的概念和界定，提供了整治前后的数据对比，佐证了万峰湖的透明度、水质等数据持续上升。通过现场巡展治理照片和视频，更直观地展现了水华等污染问题的治理效果。

六、 听证员发表听证意见

听证员一致对万峰湖专案的办案成效予以充分肯定，针对下一步巩固办案成效，开展生态养殖也提出了意见建议。

陆弟敏（全国人大代表）认为：高检院敢于担当，直面万峰湖治理中的痛点和难点，对万峰湖问题立案调查，充分发挥职能，通过流域各级党委政府和检察机关的大力支持和配合，取得了成效，并提出了以下建议：一是对于沿岸百姓的生产生活问题，目前水域和林地都不能开发，建议给予资金支持；二是流域电厂产生的电量对相关产业留出一定量的支持；三是经过公益诉讼整治后，希望将万峰湖专案治理作为国家在推进生态治理方面的典型案例。各地政府要根据各地实际，有序发展旅游、生态渔业等，落实生态优先，绿色发展，让沿湖群众共享绿色发展的红利。

余必丽（全国人大代表）认为：听证会让其感受到了高检院和各级检察机关、党委政府的政治担当，目前万峰湖网箱养殖已经被全部取缔，建议加大宣传力度，使本案成为有借鉴意义的典型案例，建立长效机制，保障沿岸群众的生产生活，维护好整治成果。

杨晓雪（全国人大代表、来自生态环境部门、从事环境监测工作）认为：经过听证以及其亲自到万峰湖三江口现场走访，检察机关办理万峰湖专案前后，湖区生态环境改善非常明显，网箱养鱼和钓台都没有了，湖面和湖边的垃圾都已经清理，水质也没有异味，同时其调阅了水质自动站的数据，水质评价均为二类。此次专项整治效果良好，且工作方式有一定创新，体现了检察机关高度的政治自觉和担当。关于如何长效保护和百姓生产生活两个问题，建议建立统一的管理机构，用统一的政策和制度管理水面活动，主要涉及统一执法监管，如何合理开发利用、沿岸百姓补助、上下游生态补偿等问题，目前湖区还存在生态养殖，水中的总氮含量还比较高，是否投放饵料和产量问题，还需要科学研究。此外，搬迁的问题还需要长远的考虑。

朱瑜（水产养殖专家）认为：万峰湖治理取得了良好效果，各地建立了长效机制，有效巩固了整治效果，是保护青山绿水的典范，成效显著。建议对万峰湖流域进行彻底调查，为恢复生态提供参照和标准；开展净水渔业、水产养殖；科学多种类的水产养殖，统一标准进行养殖，打造有机品牌，与旅游品牌副产品相融合等。

陈松（生态环境执法专家）认为：本案的实际效果已经远超最初的公益诉讼目的，建议相关州市继续落实责任，同时发动社会各方共同维护，由国家有关部门统一牵头、统一组织流域监管执法；参照新安江成功经验模式，并由全国人大代表在全国人大会上进行呼吁，建立统一的机制；生态环境部门应将三省（区）的流域污染治理规划纳入珠江流域水污染防治规划的重要内容，深入推动万峰湖流域水污染治理。

施凤宁（水利水资源专家）认为：高检院发现问题，协同相关部门及时介入；沿岸党政机关立即切断污染源等应急处置，处置及时；四级检察机关协同配合，开展公益诉讼，履职有力；创新并实践出了新的工作机制，树立标杆。针对水环境保护及开发方面，其提出建立常规的水质监测评价体系，遵循科学原理进行长效保护和发展；成立三市（州）国有股份公司，将监督体系放到省级，利益体系放到州市级，统一规划、管理、人才吸收等；共建垂钓天堂，具有利润高、污染容易控制、人员流动、提高其他周边产业等多种益处；环境稳定渔业开发，环境稳定渔业比生态渔业更加长效，不同种群、不同数量对生态环境保护起到不同的作用等建议。

罗隽（生态环境专家）认为：本案意义重大，万峰湖水质已经得到明显改善，长期长效的整治效果值得期待，并建议加大宣传力度，将本案树立为典型案例，让其他地区加以借鉴；高检院连同其他部门或当地检察机关，组织相关机构和专家，对巩固整治效果进行更深入、周全的指导，确保相关工作长效推进；发展和保护等问题不能期望在短时间内进行解决，但可以研究做出典型，例如加强对生态破坏相关人员法治意识、生活污染来源等方面的调研，因人施策；支持和鼓励发展生态养殖，涉及的生态环境保护问题需要深入科学研究。

七、 听证会总结

张雪樵副检察长对听证会进行了全面的总结。听证会充分肯定了检察机关通过办案取得的成效。"万峰湖专案"办案目标是督促相关行政机关整治万峰湖的非法网箱养殖污染问题,包括水上浮房、特殊垃圾等,经过一年多努力,该目标已经实现。检察机关办理公益诉讼案件的特点,虽然是主动介入,但检察公益诉讼是督促之诉、协同之诉,包括协调相关部门治理,主要的工作还是在三地党委政府的坚强领导下,上下齐心协力,彻底整治,共建布局,污染防治攻坚战取得了决定性的胜利,办案取得的成效、完成的任务是在党委政府支持下取得的,对三地党委政府的支持配合表示感谢。

在巩固污染防治办案胜利的基础和前提下,探索生态养殖,大家的态度总体是肯定的,但是也有前提:一是要保证生态优先,要保证污水处理、水质不断净化;二是科学养殖,鱼的种类、规模、密度等因素都需要从科学层面考量,在养殖上,如果没有吸取以前的教训,就会又回到以前无序养殖、污染水质的状态。大家在发表意见过程中都提出"统一"这一关键词,如何统一生态养殖、规划、管理、标准、经营,关键的是统一的监管和执法,包括司法机关如何统一发挥司法机关合理的作用,都是新的问题,这些问题需要在下一步继续思考。要贯彻落实好习近平总书记生态文明思想,特别是"两山"理论,把绿水青山变成金山银山的主要思想理念结合,尤其是检察机关要学习贯彻落实习近平法治思想,要坚持党的领导,要贯彻落实以人民为中心的思想,保护好生态环境。

万峰湖专案第二次公开听证会综述

2022 年 9 月 23 日，最高人民检察院在贵州省黔西南州召开万峰湖流域生态环境受损公益诉讼专案第二次听证会，围绕"开展生态渔业如何确保万峰湖优质水体，三省（区）五县（市）如何确保跨行政区划统一执法监管"的主题进行听证。会议邀请了农业农村部渔业渔政局、生态环境部珠江流域南海海域生态环境监督管理局、水利部珠江水利委员会、中国科学院水生生物研究所、杭州千岛湖集团发展有限公司相关负责同志作为听证员。会议分为四个阶段进行，第一阶段观看万峰湖专案第一阶段办案过程短片，第二阶段由检察官介绍万峰湖专案第二阶段工作开展情况，第三阶段由沿湖五县（市）县委政府代表分别围绕听证议题发表意见，第四阶段由听证员发表评议意见。

一、 检察官介绍万峰湖专案第二阶段工作开展情况

胡卫列（最高检第八检察厅厅长）介绍了 2021 年以来，最高检协同生态环境部、农业农村部和水利部开展万峰湖专案第二阶段工作，巩固办案成效，推动五县（市）统一监管执法，统一开发生态渔业，促进万峰湖生态环境长效保护与高质量发展工作情况。最高检组织开展"回头看"工作，进一步检验万峰湖专案办案效果，推动地方政府依法治理开发万峰湖。最高检指导地方检察机关加强检察协作，形成万峰湖流域生态环境和资源保护协作机制；支持配合水利部珠江委开展常态化跨区域执法，推

动沿湖五县（市）成立联合执法指挥部，落实跨区域协同执法机制；促进开发协作，实地推动相关政府部门坚定绿色发展理念，统一思想认识，形成统一生态开发、协同治理生态环境、推进协同立法等共识，推动落实万峰湖大水面生态养殖项目。

二、 沿湖五县 （市） 县委政府代表发表意见

顾先林（贵州省兴义市市委书记）介绍了兴义市推进万峰湖生态保护开发利用情况。在前期工作基础上，持续坚决扛起责任，坚持大局为重，密切沟通协作，自觉接受监督，主动搞好驻地服务，在加强联合统一执法监管上更加担当作为，主动履行好党委政府职责，在常态开展治湖治水上更加担当作为，持续优化招商营商环境，在加强合作发展产业上更加担当作为，切实与沿湖县市通力合作，协同推进跨省统一执法、联合发展生态渔业，力争把万峰湖建成"全国大水面绿色健康养殖示范区""野钓者的乐园"和珠江三角洲经济区的高质量重要水源，全力创建"绿水青山就是金山银山"创新实践基地。

唐明永（贵州省安龙县人民政府县长）介绍了安龙县做好万峰湖保护和开发工作情况。要进一步增强与沿湖县市区的团结协作，继续常态化开展好巡查检查，定期开展联合执法，定期通报工作情况，扩大执法宣传范围，坚决查处辖区内非法营运、非法打捞等违法行为；继续加强对湖岸周边及流域内生产生活垃圾、污水、农业面源污染等的排查和整治，依法查处破坏生态环境的违法行为，从源头上清除和切断污染源；积极参与万峰湖渔业公司的建设，打好用好"万峰鱼"品牌，努力实现经济效益、社会效益的最大化。在万峰湖统一执法监管工作中，从思想认识、协作机制、质量标准、执法行动等方面保持一致，确保万峰

湖治理巩固和开发建设得到新提升。

陈怀德（广西自治区隆林县人民政府副县长）介绍了隆林县下一步对万峰湖生态渔业开发和统一执法监管的工作打算和措施。在开展生态渔业方面，积极推进三省区统一编制《万峰湖生态渔业资源保护开发利用规划》，借鉴先进生态养殖模式，科学合理进行渔业养殖，加强渔政执法，积极探索渔旅结合产业，带动库区群众增收，维护库区和谐稳定。在统一执法监管方面，推动各州（市）加快出台《万峰湖保护条例》，加强库区渔民自用船管理，探索实行"统一船型，限制船长上限"，自用船由辖区涉水乡（镇）核验发证、登记并纳入监督管理，在五县（市）万峰湖联合执法指挥部的统一领导下，与沿湖县市协同对万峰湖渔业养殖、娱乐垂钓及湖崖周边生态环境进行监管。

黄尚学（广西自治区西林县人民政府副县长）介绍了对万峰湖开展生态渔业和统一执法监管的意见建议。一是要做到三个坚持，坚持联合指挥部的统一组织领导和协调，坚持黔桂滇万峰湖渔业公司的统一开发和经营，坚持联合执法队对万峰湖水面的统一执法和监管。下一步，西林将继续加强对执法人员物资、资金的保障。二是要注重产业规划，对生态渔业养殖进行科学、合理规划，实现效益最大化，建立让百姓受益的利益联结机制。三是要聚焦持续发展，以生态渔业联合发展为切入点，积极推动接边司法协作、产业协作和道路基础设施连接连建，更好促进万峰湖沿岸的治理和融合发展。

满家启（云南省罗平县人民政府党组成员）介绍了罗平县对万峰湖生态渔业开发和联合执法工作情况。一是加大源头治理投入力度，统筹压实部门责任、整合资源，不推诿、不扯皮，协同沿湖县（市）共治共管共同开发。二是尽职尽责参与万峰湖生态渔业开发，借鉴千岛湖科学养鱼治水护水的样板经验，罗平全部湖面交由黔桂滇渔业公司一家经营主体经营。三是全力参与万峰湖联合执法，坚持一支执法队伍执法、一个标准执法，抽调精干执法人员，服从指挥，同时协调、配合县检察院主动融入万峰湖联合检察室工作。

三、 听证员发表听证意见

刘家寿（中国科学院水生生物研究所研究员）认为万峰湖适合开展以增殖为主的生态渔业，科学开展增殖渔业是万峰湖必选之路，也是我国大水面渔业发展的方向。万峰湖开展增殖生态渔业重在管理，需要有一个经营主体，同时要包含湖区渔民有序参与。只有统一放养、统一管理、统一捕捞、统一经营、统一执法、共同担责，才能保证增殖渔业规划的落地，才能保证增殖渔业措施的切实执行、避免盲目无序。当前，一些地方和部门过度禁渔，把国家法律允许的大水面增殖性起捕等同于法律禁止的生产性捕捞，不利于湖泊生态环境保护和产业发展。希望最高检能帮助确立大水面生态渔业的合法地位，以便科学地协调生态保护与资源利用的关系。

何光喜（杭州千岛湖集团发展有限公司党委书记、研究员）介绍了浙江省千岛湖近年来大力实施"以鱼保水""以鱼治水"工程，形成了具有千岛湖特色的"保水渔业"发展模式。目前，千岛湖区鱼类品种已达114种，生物多样性和渔业资源丰富，形成了千岛湖有机鱼全产业链，有力推动了地方经济发展。万峰湖自然条件与千岛湖极其相似，希望万峰湖能够成立统一的执法管理队伍，形成统一的执法标准，强化渔业资源保护，最好有一个明确的、统一的经营主体结合万峰湖水域生态实际，来具体推进和实施好保水渔业。杭州千岛湖集团发展有限公司愿意为万峰湖在实施保水渔业方面给予技术培训与指导，期待能为万峰湖的长效保护和生态发展做出积极贡献。

陈家勇（农业农村部渔业渔政管理局养殖处处长）认为从世界渔业发展趋势和我国渔业发展情况看，未来渔业的发展和水产品的供应将主要依靠水产养殖业的发展。万峰湖大水面生态渔业的发展，要抓住依法和科学两个关键。养殖水域滩涂规划、养殖证、环评、执法监管等要依法到位。要按照水域承载力确定适宜的放养种类、放养量、放养比例、起捕时间和起捕量；水产品的起捕要使用专门的渔具渔法，最大限度减少对非增殖品种的误捕，确保不对非增殖生物资源和生态环境造成损害。另外，要坚定不移地以市场为导向，加强品牌建设，延长产业链，完善供应链，建立水产品可追溯体系，走生态化、品牌化之路。希望万峰湖大水面增养殖生态渔业试点能成为贵州乃至全国的典范。

薛媛（生态环境部珠江流域南海海域生态环境监督管理局执法应急处副处长）认为万峰湖的保护仍需坚持源头治理、系统治理、综合治理，立足流域整体性推进万峰湖的生态环境保护。我们支持发展高质量的生态渔业，有两点需要注意：一是我国人口众多，仅仅依靠在自然水域开展捕捞，难以满足人民群众吃鱼的需求，还是要按照中国国情，加快推进水产养殖业绿色发展。二是生态渔业应服从服务于生态环境保护，捕什么鱼、捕多少、什么时间捕、用什么方式捕，都要进行科学论证、依法有序进行，防止无序放流和捕捞对万峰湖保护造成负面影响。

吕树明（水利部珠江水利委员会政策法规处副处长）认为发展生态渔业产业是推进万峰湖流域经济高质量发展的正确选择。做好万峰湖水生态环境长效保护工作，必须强化万峰湖流域区域的协同治理。希望沿湖地方政府利用好"联合执法指挥部"这个平台，对万峰湖统一执法监管，为长效保护与生态发展提供坚实的机制法治保障。水利部珠江委将一如继往为包括万峰湖在内的珠江流域各地经济发展做好服务，对于沿湖民生产业发展项目建设，依法做好水行政许可审批服务支持；对流域生态补偿机制建设做好技术支持；在库区移民扶持方面，积极争取国家政策支持。

四、 最高人民检察院副检察长张雪樵总结

通过本次听证会，大家一致认为万峰湖统一开发生态渔业是可行的、合法的、正当的，特别是农业农村部、生态环境部、水利部对此给予了充分肯定。听证会上，万峰湖沿湖五县（市）负责人表明了对万峰湖统一执法监管、统一开发生态渔业的决心态度和措施打算，相关部委和专家也表示愿意提供政策、技术支持和法治保障，进一步凝聚了万峰湖协同治理和开发的共识。下一步，各方要坚持以习近平生态文明思想为指导，借鉴千岛湖生态渔业发展先进经验，在统一执法监管的基础上，依法、科学地对万峰湖进行生态开发，力争早日将万峰湖打造成"绿水青山变成金山银山"的样板、示范。

第四部分

万峰湖专案部分典型案例

万峰湖隆林县辖区网箱养殖污染
行政公益诉讼案

基本案情

万峰湖专案组广西分组办案人员在调查核实隆林县万峰湖生态环境受损情况过程中，发现2016年中央第六环境保护督察组到广西督查时指出万峰湖水质下降问题后，隆林县对万峰湖隆林辖区非法网箱养殖整治不彻底，甚至出现一定程度的反弹。截至2020年1月万峰湖隆林县仍有非法养殖网箱473068平方米，养殖户在养殖过程中投放鱼饲料、喷洒鱼药，致水体污染，破坏了万峰湖水域生态环境，损害了社会公共利益。

调查和督促履职

2019年12月11日，最高人民检察院对万峰湖流域生态环境受损情况进行立案调查，随后专案组广西分组对万峰湖隆林县辖区生态环境受损情况进行调查核实，发现网箱养殖污染是导致万峰湖水质下降的主要原因。

隆林县人民检察院第一时间将上述情况向当地党委政府报告，隆林县党委政府高度重视，2020年2月成立万峰湖库区环保专项整治指挥部，对万峰湖隆林辖区的非法养殖网箱和浮房进行清理。因存鱼量大及疫情影响等原因，非法网箱拆除进度缓慢，截至 5 月，仍剩余 253780 平方米尚未拆除。2020 年 5 月 27 日隆林县人民检察院就隆林县网箱养殖污染问题对隆林生态环境局和隆林县农业农村局进行立案调查。

2020 年 6 月 4 日，广西壮族自治区政府召开万峰湖生态环境问题整治工作会议，并形成了坚决清理万峰湖污染源的会议纪要。百色市政府对万峰湖生态环境综合治理工作高度重视，层层压实责任，明确下达网箱、浮房拆除的最后期限。隆林县政府积极组织责任单位及相关行政部门克服各方面困难集中开展整治行动。

隆林县人民检察院持续跟进，协同当地政府督促被监督行政机关共同推进非法网箱整治。2020 年 6 月 18 日隆林县检察院与隆林生态环境局和隆林县农业农村局进行磋商。磋商会后，隆林生态环境局和隆林县农业农村局进一步加大清理力度，大部分非法网箱被拆除。然而至 2020 年 8 月 25 日，隆林县最大养殖户某渔业公司仍有约 8802 平方米网箱未拆除且持续投料喂养。2020 年 9 月 1 日隆林县人民检察院发出检察建议，督促其落实自治区、百色市关于万峰湖整治的要求，彻底清理万峰湖隆林辖区剩余非法网箱，万峰湖隆林辖区 473068 平方米养殖网箱全部拆除。

为检验非法网箱养殖整治效果，2020 年 9 月 23 日，隆林县人民检察院邀请全国人大代表、政协委员、人民监督员共 9 名听证员到万峰湖隆林水域实地巡湖检查整治效果并举行公开听证会。在实地巡湖、听取检察机关案情介绍及行政机关履职情况后，上述代表、委员、人民监督员评议认可隆林生态环境局和农业农村局履职整改成效。至此，万峰湖隆林非法网箱养殖造成的生态环境问题得到解决。

典型意义

检察机关在办案过程中，紧紧围绕中心大局，主动争取地方党委政府的支持，灵活运用磋商和检察建议等方式督促地方政府对万峰湖生态环境进行全面综合整治，与政府相关职能部门形成共同守护万峰湖绿水青山的强大合力，解决了万峰湖隆林辖区网箱养殖污染反复问题。结案前通过公开听证的方式对行政机关整治情况进行评议，一方面确保行政机关整治到位；另一方面宣传了习近平生态文明思想和检察公益诉讼工作，扩大了案件影响力，彰显了检察公益诉讼工作助力打赢污染防治攻坚战的成效，回应了人民群众对美好生活的更高期待。

云南罗平万峰湖库区及流域治理
行政公益诉讼系列案

基本案情

万峰湖罗平段库区总面积 10.8 平方公里，上游南盘江有黄泥河、多依河、清水江三条支流汇入万峰湖回水区，径流区涉及罗平县鲁布革乡 9 个村委会、58 个自然村。近年来由于库区及流域的无序开发和监管不到位，云南省罗平县万峰湖库区存在大量违规搭建钓台等浮动设施，随意搁置废旧船舶、船舶机油处置不及时、湖面大量生活垃圾漂浮、周边多个鱼塘废水直排等问题，严重影响了万峰湖的水质，对万峰湖的生态环境造成了破坏。

调查和督促履职

最高人民检察院万峰湖专案组成立后，云南分组在高检院的统一指挥下开展线索摸排，发现罗平段存在湖面违规搭建钓台等浮动设施、随意搁置废旧船舶、船舶机油处置不及时，鱼塘废水直排，生活垃圾未有效处置等威胁万峰湖生态环境的违法情形，相关线索共 7 条。鉴于案件涉及的主体较多，检察机关针对存在的问题，先后多次与罗平县委县政府、鲁布革乡政府、曲靖市生态环境局罗平分局、罗平县水务局等相关职能部门开展座谈、磋商，曲靖市院检察长亲自带队听取各部门在万峰湖生态环境保护中采取的具体措施、存在的困难及下一步治理思路。在检察院的积极协同下，其中涉及船舶污染、钓台污染、生活垃圾污染等5个案件线索的问题整改到位。针对多依河沿岸鱼塘污染及库区岸边农作物农业面源污染的2条线索，罗平县院于2020年5月27日立案3件，分别向曲靖市生态环境局罗平分局、罗平县农业农村局、罗平县鲁布革乡人民政府发出3份诉前检察建议。检察建议发出后，相关职能部门高度重视，对鱼塘养殖污染和库区沿岸零星种植农作物农业面源污染问题全面清理整改。针对检察机关提出的问题，罗平县人民政府以文件的方式发布万峰湖流域罗平段治理通告，组织水务、环保、农业农村局、鲁布革乡人民政府等部门开展联合执法，对万峰湖存在的污染问题进行全面整治，共拆除万峰湖湖面上钓台、商店等水上浮动设施120个，自行脱离云南水域34个，劝返万峰湖垂钓人员500余人，清理万峰湖湖面水域面积8.1平方公里，清理湖面垃圾18吨。安监部门联合县海事部门对万峰湖水上客船和农自用船进行全面清理并定期检查，违法违规情况已基本消除。通过持续集中整治，污染问题基本解决，生态环境明显改善。同时，省市县三级检察院通过建立"河（湖）长＋检察长"协作机制的方式，相关职能部门成立工作组，不定期对万峰湖库区云南水域开展巡查，广泛宣传生态环保理念，形成了保护万峰湖生态环境的长效机制。

典型意义

该系列案通过大范围的磋商，在保护生态环境的同时起到了宣传习近平生态文明思想和检察公益诉讼的作用，针对具有共性的问题采取系列案的方式办理，既节约了司法资源又实现了"办理一案，影响一片"的目标。办案过程中，检察机关不以起诉为目的，把保护公益放在首位，重点突出检察公益诉讼磋商监督优势，取得了良好的办案效果。另外，云南省三级检察院还强化与行政执法部门的长效沟通、协作，多部门充分履职，形成了保护万峰湖的合力，彰显了检察公益诉讼制度的独特价值。

万峰湖西林县辖区网箱养殖、水面浮房污染行政公益诉讼案

基本案情

万峰湖是国家重点水电工程——天生桥高坝电站建成蓄水后形成的人工湖，位于黔、滇、桂三省（区）接合部。近年来由于经济的发展，加之三地湖面产业规划差异导致库区环境污染防治管理逐渐失位，投饵养殖规模的扩大使水面养殖网箱和浮房泛滥，严重污染万峰湖水质。2016年中央第六环境保护督察组到广西督查时指出了万峰湖水质下降的问题，经自治区各相关单位督促整改后，水质一度达标。但随后非法网箱养殖和水面浮房出现反弹，截至2020年1月，万峰湖西林县辖区仍有网箱面积62892平方米，水面浮房289个。网箱养殖大量投饵及众多水面浮房直排生活垃圾、污水进入湖面，致水体污染，严重破坏万峰湖水域生态环境，致使社会公共利益受损。

调查和督促履职

2019年12月11日，最高人民检察院对万峰湖流域生态环境受损情况进行立案调查。专案组广西分组对西林县万峰湖生态环境受损情况进行调查核实，发现网箱养殖污染和水面浮房直排污水造成万峰湖水质污染，并固定了相关证据，查实了万峰湖西

林县辖区非法养殖网箱和水面浮房数量、分布区域、影响范围等公共利益受损情况。

为有效推进工作，2020年1月21日，西林县人民检察院与西林县人民政府就万峰湖网箱养殖和水面浮房致污事实进行磋商并协同政府进行整治。西林县人民政府高度重视，当场表示坚决整治，明确了相关工作任务，并在磋商会后立即成立整治工作指挥部，组织相关行政单位对万峰湖西林水域环境开展综合整治。2020年1月24日，西林县委、县人民政府印发《继续开展万峰湖西林县辖区水域环境综合整治行动工作方案》，县委、县政府主要领导为总指挥长，协调农业、生态环境、水利、林业、沿湖乡镇等部门人员分综合协调组、专项打击组等5个组深入库区开展工作。2020年2月28日，制定了《继续开展万峰湖西林县辖区水域环境综合整治行动专项打击组工作细化方案》，在专项打击组下设强制拆除实施组、综合协调组、政策法规宣传组、安全保卫组、后勤保障组、信访维稳组、医疗保障组、工作督察组8个工作组。从2020年2月17日到5月7日，从前期的准备工作至行动结束，历时近3个月，西林县累计投入231.9万元，出动人员4370人次，拆除了辖区全部非法养殖网箱和水面浮房，深度清理万峰湖西林县辖区的污染源，受损的社会公共利益得到保护。

为检视万峰湖西林县辖区水域环境综合整治的成效，2020年9月24日，西林县人民检察院开展万峰湖专案西林县网箱养殖和水面浮房污染案件"回头看"，邀请人大代表、政协委员、律师代表、人民监督员作为听证员共同巡湖，并于次日组织被监督行政机关举行公开听证会。通过实地巡湖、公开听证，代表、委员、人民监督员直观了解了案件的情况和公益修复情况，高度赞扬检察机关和行政机关为守护万峰湖生态环境所做的努力。

为防止非法网箱养殖等破坏万峰湖生态环境的违法情形出现反弹，西林县人民检察院联合西林县河长制办公室共同制定了《关于建立"河长＋检察长"协作机制的实施方案》，明确了辖区水域长效治理的工作机制，进一步巩固了办案成果。

典型意义

该案是党政机关引领、检察公益诉讼助推、政府各部门协作解决社会化治理难题的成功实践。办案过程中，检察机关主动向党委政府汇报工作并与当地有关部门密切沟通协作，取得了良好的办案效果。在推进万峰湖水域综合整治的过程中，并非盲目强拆，而是综合考虑转产上岸等因素，配合释法说理和政策宣传，依法依规有序推进整治工作，确保工作井然有序。湖面污染设施拆除之后，检察机关又积极推进建立"河长＋检察长"协作机制，为万峰湖流域生态环境和资源保护提供有力的组织保障和司法保障，有力地巩固了整治成果。

贵州省兴义市部分安置区雨污未分流、污水直排污染万峰湖水体案

基本案情

贵州省黔西南州检察机关在履职过程中发现，兴义市桔山街道办事处笔山二、三、四组安置区、大峡谷安置区虽然配套建设雨水管网及污水管网，但实际中存在雨污混流、污水直排的问题，污水经附近湿地公园汇入马岭河峡谷，并最终流入万峰湖，导致万峰湖水环境受到污染，国家利益和社会公共利益持续受到侵害。

兴义市峡谷、洒贡居民安置区总占地面积 410.76 亩，安置户总数为 856 户，安置区道路总长 9536.7 米，雨水管网长 19073.4 米，污水管网长 19078.6 米，安置区设计时已设计雨污分流，市政污水收集 I 级污水干管（主道路收集主管）已基本成型，也做到了雨污分流，但由于安置区房屋多为自建，在建设时缺乏监管机制及验收机制，部分居民仅安装了一条雨污混流排污管道，造成该片区不能完全实现雨污分流。同时，由于该安置区地理位置较低，且未修建污水提水站，污水无法自然排流进入桔山污水处理厂，由湿地公园流入马岭河峡谷，最终汇入万峰湖，严重影响万峰湖水生态环境。

兴义市桔山片区笔山二、三、四组安置区总用地面积 227 亩，安置户总数为 653 户，安置区路网全长 3983.9 米，但经检

察机关现场排查发现，笔山二、三、四组安置区存在雨污混流现象，部分住房仍只安装了一条排污管道，雨季大量雨水混入污水管道；部分安置区污水收集管线是由原有合流制排水沟改建，排查时发现污水收集支管有错搭乱接、雨污不分现象，混流的污水流入湾塘河，最终流入万峰湖，破坏万峰湖生态环境。

调查和督促履职

2020年5月7日，最高人民检察院将本案线索交贵州省检察机关办理。兴义市人民检察院接到交办任务后，及时对全市的雨污管网情况开展大规模线索摸排和调查取证工作，并于2020年5月21日向兴义市委进行专题汇报。兴义市委、市政府对此高度重视，立即组织兴义市住建、水务、环保及兴义市十个街道办主要负责同志召开专题会议进行研究部署，随后下发《兴义市城区雨污管网普查工作方案》。按照工作方案，全市普查出存在问题的雨水管道218公里、污水管道278公里、排水渠173公里，雨污管网总计669公里。

为推进治理工作，检察机关就发现的问题多次与相关部门进行磋商，但违法情形未得到有效整改。2020年7月8日，兴义市人民检察院针对兴义市部分安置区存在的生活污水直排问题，以公开宣告的方式，向兴义市水务局、兴义市桔山街道办事处送达检察建议，建议兴义市水务局依法对大峡谷安置区和笔山二、三、四组安置区的排水与污水处理工作进行整治，并加强监督管理；建议兴义市桔山街道办事处依法采取有效措施，完善大峡谷安置区、笔山二、三、四组安置区的污水处理设施，并保障其正常运行。公开宣告送达现场，兴义市检察院结合案件事实、适用法律和相关政策进行释法说理，听取被建议单位意见，并邀请了部分兴义市人大代表、政协委员、人民监督员参加。

收到检察建议后，兴义市水务局、兴义市桔山街道办事处均积极作出整改。一是暂时将部分污水分流至相邻马岭污水处理厂，缓解桔山污水处理厂的运行负荷；二是在马岭河峡谷湿地公园旁新建一个 5000m^3/d 的污水提升泵站，将峡谷、大山、洒贡安置区、民族风情街商业片区及周边其他地方的污水进行收集处理；三是完善安置区内雨污混流情况，修复污水收集支管错搭乱接现象，将污水接入市政污水收集管道进入马岭污水处理厂处理，雨水接入雨水管道流入就近的水体；四是兴义市桔山街道办事处制定了笔山二、三、四组居民安置区雨污水收集方案，合理铺设管网收集居民屋面漏水，由政府为安置群众安装屋面落水管道将屋面雨水排入雨篦子后进入已埋好的道路中间雨水管道，从而将原沟污水进行收集处理。

针对排查发现的雨污混流、污水直排问题，检察机关多次向党委政府汇报，兴义市政府高度重视，多次组织相关部门开展调研，并作出以下决定：一是扩建桔山污水处理厂，该工程项目建设规模为 30000 吨/日，修建后能彻底解决桔山污水处理厂超负荷运行导致部分片区污水未收集的问题和桔山湿地公园景观水体恶臭问题。二是拟投资 8196.77 万元修建兴义市中心城区、安置区、住宅区、机关事业单位雨污分流工程，以全面解决兴义市安置区内雨污混流、污水直流至河体现象。

典型意义

在脱贫攻坚决胜时期，易地搬迁政策是脱贫攻坚工作的重中之重，检察机关切实发挥公益诉讼服务大局的工作理念，在助力脱贫攻坚的同时关注安置点人居环境问题，为全面打赢脱贫攻坚战和营造搬迁群众宜居生活环境提供了强有力的司法保障。

检察机关通过办案督促行政机关依法履职，并主动向党委政府汇报，争取支持，形成治理合力，促进行业整治、区域治理，并在事后持续跟进监督，推动整改工作落实落地，是检察机关以法律监督的方式融入社会综合治理、充分发挥职能作用的充分体现，为服务保障经济社会高质量发展贡献了检察力量。

云南陆良万峰湖专案南盘江源头治理
行政公益诉讼案

基本案情

南盘江系万峰湖的上游，经沾益、曲靖至陆良县板桥镇响水坝汇入陆良县，在陆良县境区蜿蜒40公里，重点流经陆良板桥、三岔河、中枢等乡镇（街道），后流入宜良，最终汇入万峰湖回水区。云南省曲靖市陆良县检察院经调查发现，南盘江陆良段干流及流域范围内河库水体水面有大量的漂浮垃圾、水葫芦，对河道造成污染，影响行洪安全。

调查和督促履职

陆良县人民检察院按照上级院统一部署，多次对陆良境内的南盘江干流和支流进行全线巡查，实地走访，全面收集固定证据。在前期工作基础上，该院于2020年10月21日对涉案线索立案办理，立案后，该院检察长带领分管副检察长等办案人员到县水务局进行磋商，并将检察机关调查发现的问题及成因与水务局进行了深入交流，督促水务局依法履职。2020年11月2日依法向负有监管职责的陆良县水务局发出诉前检察建议，建议其依法全面履行对本辖区内河道的监督管理职责，做好日常水面漂浮物的清理工作。检察建议发出后，办案组跟进监督，与陆良县水务局多次沟通、磋商，陆良县水务局表示对检察机关提出的问题和建议完全接受，邀请陆良县检察院参与制定整改方案，并迅速安排部署，积极落实整改。一是将整治活动与爱国卫生"洁水体"专项行动融合起来，对南盘江干流及流域范围内河库水体水面漂浮物、水葫芦、漂浮垃圾进行集中清运。截至11月9日，累计清理河道漂浮垃圾2929.77吨，出动人员2000余人次。南盘江干流范围河库水体环境得到明显改善。二是以清运漂浮垃圾为契机，在全县境内南盘江流域范围593个自然村建立了垃圾清运制度，571个自然村完善了河库保洁制度。三是建立健全河道保洁长效机制，全面落实水体保洁属地监管责任和相关部门协同治理责任，组织开展河道日常保洁工作。四是加强水行政执法监管力度，联合多部门对河道管理范围内涉水违法违规行为进行严厉查处。

典型意义

检察机关通过磋商、制发检察建议等方式督促相关职能部门依法履职，并在发出检察建议后跟进监督，有效保护了社会公共利益。案件办理过程中，检察长带队前往行政机关沟通协调，促使行政机关引起重视，并迅速部署整改、建章立制，体现了检察公益诉讼在推进国家治理体系和治理能力现代化方面的重要作用。针对污染问题分散、点多面广的实际，检察机关将个案办理与辖区"爱国卫生"专项行动有机结合，实现了"办理一案，警示一片，治理一方"的良好效果。

贵州省普安县楼下镇废弃矿井水污染公益诉讼案

基本案情

贵州省普安县楼下镇作为辖区产煤重镇，现有煤炭企业 19 余家，目前已勘测的煤炭地质储量达 28.6 亿吨，煤炭资源丰富。二十世纪八九十年代，因对煤炭开采管理不规范，当地老百姓私挖乱采，导致楼下镇存在大量历史遗留废弃小煤窑。2019 年 11 月，经相关部门核查：普安县楼下镇验票站对面小煤窑锰含量 7.3mg/l（标准 4mg/l），超标 0.82 倍；铁含量 291mg/l，超标 290 倍；PH 值为 3，呈酸性水。楼下镇洞口村小煤窑锰含量 7mg/l（标准 4mg/l），超标 0.48 倍；铁含量 218mg/l，超标 217 倍；PH 值 4.7，呈酸性水。因长时间未采取治理措施，该两处小煤窑的废弃矿井每天产生约 90 余吨的酸性废水，沿坡梗、沟渠排入楼下大河后汇入万峰湖，导致河流水质恶化，对万峰湖水生态环境造成严重破坏。

调查和督促履职

该案作为最高人民检察院首次直接立案办理的万峰湖专案组成部分，各界普遍关注，社会影响大。为办理好该案，确保办案效果，贵州省普安县人民检察院积极履行公益诉讼监督职责，接到上级检察院的交办函后，及时开展调查取证工作，并积极与政府相关部门沟通协调。经调查核实，普安县楼下镇存在多处历史遗留废弃小煤窑，楼下镇验票站对面及洞口村的两处历史遗留废弃小煤窑产生的矿井废水锰、铁含量超标严重，因未采取有效治理措施，矿井废水长时间处于外排流动状态，导致周边土壤和下游河流水质遭受严重破坏。2020 年 6 月 23 日，普安县人民检察院依法对该线索立案调查，并于 2020 年 7 月 8 日向普安县楼下镇人民政府发出诉前检察建议，建议其依法履行法定职责，对两处历史遗留废弃小煤窑矿井废水污染环境的问题进行有效治理。与此同时，黔西南州人民检察院指定普安县人民检察院向黔西南州生态环境局也发出了诉前检察建议，建议该局依法履行环境污染治理法定监管职责。

收到检察建议后，黔西南州生态环境局、普安县楼下镇人民政府立即组织力量，投入资金 20 余万元对该两处矿井废水污染环境的问题进行初期的治理和修复，普安县楼下镇人民政府还及时向普安县人民政府汇报相关情况。普安县人民政府高度重视，投入了大量资金、人力和物力，对污染问题进行整治。一是召开专题会议，研究部署整治措施。2020 年 7 月至 8 月，普安县人民政府率领县自然资源、生态环境、水务等多部门多次到楼下镇进行现场查勘，召开专题会议 10 余次，研究部署治理楼下镇废弃小煤窑矿井废水污染环境问题的方案，并邀请检察机关出谋划策；二是邀请专家到现场查勘，并编制了上述两处废弃小煤窑矿井废水污染环境问题的治理技术方案；三是投入资金 30 余万元，完成前期征地 6.22 亩，用于施工方开展治理工作；四是聘请有资质的施工团队开展治理工作。

典型意义

通过办理该案有效促进了有关行政部门形成保护生态环境的合力，督促行政机关依法履行法定职责，使历史遗留污染问题得到了有效治理。楼下镇因煤炭资源丰富，老百姓私挖乱采导致历史遗留小煤窑泛滥的现象普遍存在，且由于时间跨度长、各行政职能部门职责分散等原因导致污染问题长期得不到解决。检察机关通过调查取证及时发出检察建议，并及时向县人民政府通报案件情况，促使环保、水务、自然资源等相关行政机关主动担起行政监管的主体责任，整合各方力量形成工作合力，推动废弃矿井污染问题治理工作顺利开展，实现了双赢多赢共赢的办案效果。

附录

万峰湖专案的重要报道

为了万峰湖的明天[*]

——最高检副检察长张雪樵主持"万峰湖流域生态环境 受损公益诉讼专案"公开听证会侧记

单 鸽

"根据《人民检察院审查案件听证工作规定》第十七条的规定，我代表最高人民检察院宣布：'万峰湖流域生态环境受损公益诉讼专案'结案！"2020 年 12 月 24 日，在贵州省黔西南布依族苗族自治州，最高人民检察院副检察长张雪樵为"万峰湖流域生态环境受损公益诉讼专案"（以下称"万峰湖专案"）画上了句号。

"万峰湖专案"有何特别之处？为何选择以公开听证的方式来结案？各方又提出了哪些真知灼见？

最高检直接立案办理的第一起公益诉讼案件

湖水连三省，湖面映万峰。万峰湖地处广西壮族自治区、云南省、贵州省三省（区）接合部，是"珠三角"经济区的重要水源，水质状况直接关系到沿岸几十万人民的生产生活和珠江流

---

* 本文原刊载于《检察日报》2021 年 1 月 8 日第 8 版。

域的高质量发展。但长期以来，万峰湖内网箱养鱼无序发展，水体富营养化日趋严重，"一湖碧水"变成劣五类黑臭水体。2017年，中央第七环保督察组在贵州省督察时指出，"珠江流域万峰湖库区网箱面积 7072 亩，超过规划养殖面积 3.93 倍"。享有"万峰之湖、西南之最、山水画卷"美誉的万峰湖"病了"。

在此背景下，贵州省黔西南州部署开展了"清源、清网、清岸、清违"专项活动，辖区内的"半湖"水域环境得到了有效改善。但是由于万峰湖处于跨三省（区）独特的地理位置，水域分割管理，治理主体分散、步调不一，部分地区仍有大量渔民违法进行网箱养殖。此外，水面浮房、生活污水直排等问题也对万峰湖生态环境造成了严重威胁。

2019 年 11 月，最高检第八检察厅在黔西南州调研过程中发现了万峰湖生态环境受损案件线索。同年 12 月 11 日，最高检决定直接启动公益诉讼检察立案程序，对万峰湖流域跨省（区）生态环境受损问题立案调查，这也是最高检直接立案办理的第一起公益诉讼案件。

据最高检第八检察厅厅长胡卫列介绍，"万峰湖专案"的办理经过了几个重要的时间节点：

——2020 年 2 月，在专案组的部署下，广西、云南、贵州三地检察机关主动向当地党委政府汇报万峰湖专案工作情况，得到了三省（区）三级党委、政府和相关行政机关的高度重视和大力支持。

——2020 年 4 月，专案组对摸排的第一批 30 条案件线索进行研判，将其中符合条件的 22 条案件线索交三地检察机关办理。因为新冠肺炎疫情对鲜鱼市场的影响，针对违法养殖企业提出存量鲜鱼难以销售、不能在限期内拆除养殖网箱的实际困难，最高检办案组一方面坚持生态优先绿色发展的新理念，另一方面从最大限度为企业纾困出发，建议在不投放饵料的前提下给予适当的宽展期。

——2020年8月，专案组采取与相关行政机关共同巡湖、座谈等形式开展办案工作，督促有关部门积极履职。

——2020年9月，最高检副检察长张雪樵带队赴广西百色、贵州黔西南、云南曲靖等地现场办案，与当地党委政府及相关行政机关座谈。在检察机关的督促下，相关各方密切协作，依法履行职责，万峰湖湖面非法养殖等可视污染类问题彻底解决，广西、云南、贵州三省（区）共拆除非法养殖网箱539323平方米。随后，专案组将办案重点转移到巩固办案成效、建立长效机制和整治万峰湖干支流污染等深层次问题上来。

——2020年11月，专案组在云南省曲靖市召开了办案推进会，对加快办案力度、提升办案质量、做好全案总结等工作作出部署。

从最高检决定对万峰湖流域生态环境受损情况启动公益诉讼立案程序到目前，历经一年的时间，"万峰湖专案"的办理接近尾声，原本"病了"的万峰湖也逐渐"健康"起来。

结案与否，人民群众说了算

对于"万峰湖专案"来说，检察机关有没有完成办案任务，万峰湖流域的污染现象有没有得到根本性的治理，沿岸的群众是否满意，这些都是决定检察机关是否能够顺利结案的"必答题"。

最高检决定请"考官"出场，通过公开听证的方式，对办理"万峰湖专案"，推进整治非法网箱养殖污染等办案工作成效进行检验，结案与否，让人民群众说了算。

这场听证会，聚集了"万峰湖专案"的承办检察官，生态环境部珠江流域南海海域生态环境监督管理局、水利部珠江水利委员会、水利部水库移民司、农业农村部渔业渔政管理局的代表，贵州省黔西南州、广西壮族自治区百色市、云南省曲靖市三地政府的领导，万峰湖沿岸五县政府领导和群众等代表。不仅如此，最高检还邀请了全国人大代表陆弟敏、杨晓雪、余必丽，生态环境专家罗隽、水产养殖专家朱瑜、水利水资源专家施凤宁、生态环境执法专家陈松作为听证员出席。

听证会伊始，胡卫列向与会者详细介绍了"万峰湖专案"的办理情况。随后，贵州省黔西南州副州长、州公安局局长李淞，广西壮族自治区百色市委常委、副市长周付生，云南省曲靖市副市长罗世雄分别就万峰湖的整治情况、万峰湖的现状以及下一步的保护计划等进行了介绍，他们均表示，当前万峰湖上的非法网箱养殖都已经取缔，万峰湖的水质有了明显改善。来自生态环境部珠江流域南海海域生态环境监督管理局、水利部珠江水利委员会、水利部水库移民司、农业农村部渔业渔政管理局的代表也作了指导发言，他们充分肯定了最高检的工作，并表示将持续关注和支持万峰湖水域的保护和专项整治工作。

听了有关部门的汇报，生态环境执法专家陈松首先就水质情况进行了发问："有没有专项整治以来水质情况的对比？"

"立案以来，我们的遥感检测报告显示，万峰湖湖水的透明度、水质等数据持续上升、悬浮物浓度持续下降。目前，万峰湖水质的监测显示，水质均在三类以上，相关数据我们可以提供给各位听证员。"最高检第八检察厅主办检察官刘家璞回应道。

"除了非法网箱以外，其他的网箱是否也都被取缔了？"水产养殖专家朱瑜提问说。

"现在我们把所有的网箱都取缔了，以前我们称之为非法网箱养殖，不是说使用网箱养殖违法，而是养殖方法违反了法律，且造成了环境破坏。"李淞表示。

"我们咨询了专业的部门，投放饵料是有相应标准的，但是之前渔民养殖的情况违背了这个标准，造成了环境污染，所以称为非法养殖。"张雪樵补充道。

"因为养鱼而造成的湖面漂浮物的问题是否解决了？"朱瑜追问道。

"通过人工打捞和以鱼养水，水华（淡水水体中某些蓝藻类过度生长所产生的现象）的问题也得到了解决。"贵州省兴义市人大常委会副主任钟世友回答道。

提问环节结束后，听证员就听证会的内容发表了意见，大家一致认为，检察机关通过开展公益诉讼检察工作督促行政机关依法履职，案件成效显著，行政机关履职到位，"万峰湖专案"办案目的已经实现，可以结案！

"今天的听证会让我感受到了检察机关和各级党委政府的担当。"全国人大代表余必丽表示。

"最高检勇于担当，直面万峰湖治理中的痛点难点，对万峰湖污染问题立案调查，充分发挥职能，通过流域沿岸各级党委政府的大力支持和配合，万峰湖的整治取得了成效。"全国人大代表陆弟敏评价道。

"统一" 是关键词

"万峰湖专案"结案了，但事情还没完。在张雪樵看来，如何践行习近平生态文明思想和绿色发展理念，合力开发利用好万峰湖，仍然是万峰湖沿岸各级政府的重要工作。这既关系到万峰湖生态环境的长效保护，又关系到上岸渔民的脱贫致富，做好了，两者可以相互促进，做不好，只能顾此失彼，甚至两者皆失。

那么，如何做到"绿水青山"就是"金山银山"；既要"绿水青山"，也要"金山银山"呢？这也是这场听证会的第二个议题：针对巩固办案成效，探讨开展渔业生态养殖的可行性，以及通过统一管理等方式实现依法规范生态养殖进行听证。

对于这个关于未来发展的议题，记者注意到，不管是张雪樵，还是与会的政府机关代表，或是参会的听证员，大家的意见都集中到一个关键词：统一。

"万峰湖生态环境的营造、保护，三地五县政府、老百姓都有责任，成果也应该是建立在共建、共治、共管基础上的共享。"张雪樵表示，"只有站在国家民族利益的高度，统一管理，生态环境才会越来越好。"

朱瑜认为开展渔业生态养殖具有可行性，但是要先对万峰湖流域进行彻底的调查，进而统一标准，因地制宜科学开展多种类的水产养殖。

施凤宁认为不同种类、不同数量的渔业养殖对生态环境起的作用不同，要在稳定的环境下进行渔业开发。同时，他认为可以开发垂钓等活动，带动周边产业发展。

广西壮族自治区隆林各族自治县党委常委、副县长潘顺丹表示，"农业部规范纲要对养殖鱼类有明确的规定，建议沿岸三个省区统一标准、统一品牌等进行养殖。"

"我们完全赞成万峰湖保护的建议，希望统一执法，保护与发展并重，在保护绿水青山的基础上，将万峰湖丰富的资源运用好。"广西壮族自治区西林县副县长农海燕说道。

"渔业生态养殖要建立统一的管理机构，用统一的政策和制度管理水域，合理开发利用。"杨晓雪表示，"通过调阅水质监测站的数据，发现各项指标都已经达到了二类及以上。但是目前水中的总含氮量还比较高，关于养鱼是否投放饵料和产量问题，还需要细致考虑。"

罗隽认为生态养殖问题值得鼓励，但是对食用鱼类应该有更高的标准，要加大技术支撑，不建议只依靠万峰湖自身的净化能力。

"各地政府要根据各地实际，有序发展旅游、生态渔业等，落实生态优先，绿色发展，让沿湖群众共享绿色发展的红利。"陆弟敏表示。

贵州省兴义市南盘江镇田寨村村民王利荣作为群众代表出席了听证会，他告诉记者，大家对检察机关办案和政府推行的举措都非常支持，共建绿水青山也是为了未来的发展。"最大的希望就是政府能够出台统一标准，通过统一管理等方式实现依法规范生态养殖，免除我们的后顾之忧。"

听证会结束了，再一次实地走访万峰湖，杨晓雪的感受非常深刻："湖区生态环境改善非常明显，非法网箱养鱼和违法野钓都没有了，湖面和湖边的垃圾都已经清理，一切都在向好的方向发展。"

亲历！"万峰湖专案"办案记*

刘家璞

1月21日，由检察日报社主办的2020年度十大法律监督案例评选揭晓，万峰湖流域生态环境受损公益诉讼专案（以下称"万峰湖专案"）入选，并排在首位。

获知评选结果，办案百味涌上我的心头。

2020年12月24日，最高检在贵州省兴义市对万峰湖专案办案效果进行检察听证，在与会各方代表的一致肯定下，最高检官方网站对外宣布专案结案，标志着该案的办理落下帷幕。

从结案到入选，心中仍难以平复，择关键节点记录下来，这是对办案过程的纪念，因为历史不可忘记；更是对未来工作的铺垫，该案是最高检直接立案办理的首起公益诉讼案件，以后再办案件，一定是在这个基础上的超越。现试用拙笔浅记之。

开局之艰

2019年11月12日至14日，根据最高检第八检察厅胡卫列厅长指派，我和同事牟琦赴贵州省黔西南州检察院采取面对面交流的方式开展"办案+培训+研究"新型培训试点工作。

---

* 本文原刊载于《方圆》2021年2月24日。

座谈交流时黔西南州检察机关的同志提供了 4 条他们认为比较重大的案件线索，其中一条就是万峰湖流域生态环境受损问题。

2016 年、2017 年中央环保督察两次指出该问题，贵州方面下了很大力气，但问题仍不能彻底解决，有的地方甚至出现了越整治违法情况越突出的逆循环。

我们和黔西南州院检察长刘青等同志实地查看了湖面上非法网箱养殖情况，感觉万峰湖生态环境受损问题确实非常严重。

需要说明的是，万峰湖地处黔、桂、滇三省（区）接合部，属于珠江源头南盘江水系，水域面积 176km³，最大库容 102.6 亿 m³，仅次于鄱阳湖、洞庭湖、太湖、洪泽湖，系 1998 年国家重点工程天生桥电站建成拦截南盘江而形成，是国家"西电东送"的重要能源基地，也是珠江三角洲水质调剂的重要源泉。

万峰湖"一水连三省（区）"，既是三省（区）的水上黄金运输线，又是"珠三角"经济区的重要水源供给地，其水质状况直接关系到"珠三角"经济社会发展甚至国家坚持节约资源和保护环境的基本国策的实施，直接关系到两岸三省（区）人民群众的生产生活和可持续发展，其水域污染的治理具有重要战略意义。

问题摆在了面前，怎么办？

万峰湖非法网箱养殖问题由来已久，问题最严重的地区广西隆林、西林是国家级贫困县甚至是深度贫困县，整治起来是否会影响脱贫攻坚问题？再加上万峰湖地处黔、桂、滇三省（区）接合部，任何一省检察机关办理都存在困难，最高检立案办理最为合适。

但最高检此前从未直接立案办理过公益诉讼案件，没有前例可循，难！特别是此时导致万峰湖流域生态环境受损的违法主体并不能准确确定，以民事公益诉讼或是行政公益诉讼立案都存在困难，因此，难上加难！

只要有主动性，方法总比困难多。

经慎重分析，我们认为国家设计检察公益诉讼制度就是为了保护重大国家利益和社会公共利益，督促行政机关依法行政，万峰湖流域生态环境受损就是其中的典型。

违法主体不能确定，我们可以以事立案。最高检党组高度重视，最高检检察长亲自部署。

思路一定，立马行动。

一方面，我们建议黔西南州院启动程序，起草提请最高检直接立案办理此案的请示报告，通过省院上报；另一方面，我们起草了《赴黔西南州指导开展"培训＋办案＋研究"的情况报告》，建议最高检对万峰湖流域生态环境受损问题直接立案。

贵州方面行动迅速，2019 年 11 月 28 日贵州省院即向最高检上报了《关于提请最高人民检察院对万峰湖流域治理立案的专项报告》，我们在第一时间对报告进行了审查，结合我们在黔西南州的初步调查情况，起草了《关于万峰湖环境污染案件线索的调查报告》，建议最高检"对万峰湖环境污染情况以事立案直接启动公益诉讼检察程序"。

2019 年 12 月 11 日，最高检决定直接启动公益诉讼检察立案程序，成立由张雪樵副检察长担任组长、主办检察官的专案组。

至此，由最高检推动解决万峰湖流域生态环境受损问题，尘埃落定，最高检直接立案办理的第一起公益诉讼案件由此诞生。

协同之难

欲治其病，必辨其症。

经查，万峰湖流域生态环境受损情况具有全流域性，是长期积累而成的，主要原因是广西、贵州、云南三省（区）水域分割管理，治理主体分散，治理步调不一，治理力度不同，导致非法网箱养殖及非法捕鱼等问题久治不绝，甚至越治越乱。

同时还存在上游干支流城镇污水处理能力不足、沿湖村屯污水收集管网建设滞后，甚至还有工业污染等损害万峰湖生态环境问题。

经分析，专案组认为，无论是对万峰湖不能依法开发利用，还是对违法问题不能严厉打击，问题根源都是三地不能协同，只有协同三地，才能实现万峰湖治理。

广西、贵州、云南三地高层主要领导在整治万峰湖流域生态环境受损问题上达成了高度一致。上行下效，市县两级检察机关照此办理，得到了当地党委、政府的大力支持，为专案顺利推进营造了良好的办案环境。

检察公益诉讼是项新制度，虽然公益诉讼检察职能已经写入了《人民检察院组织法》，但是机构还不健全，人员还不到位，特别是基层多数还与民事检察、行政检察合署办公，"三人台""二人转"情况普遍，有的地方甚至是"独角戏"，办案力量严重不足。

基层难，最高检也难！当前公益诉讼检察办案的法定领域是"4+1"，生态环境和资源保护领域仅是其中之一，我所在的办案组只有三名正式人员，人手严重短缺，这么大案件，没有人，怎么办？

这时我们想到了最高检院领导要求注重发挥省级院、分州市院、县级院的作用，探索一体化办案模式的批示，加上我有曾在反贪局工作八年的经历，参加过中央纪委组织的专案，有一定的经验。

对！利用检察机关上下级领导关系的体制优势，以一体化方式，组成专案组办理此案。

2020年1月16日我们以八厅名义向三省级院公益诉讼检察部门下发了《关于开展万峰湖生态环境保护专案有关工作的通知》，明确本案由最高检统一负责，自立案至案件结束，最高检统一管理案件线索，统一调配办案力量，统一对外宣传口径。

三地检察机关热情高涨，我们很快从三地三级检察机关上报的人员名单中确定47名办案骨干，加上我厅参与专案的6名同志，一支50多人的办案队伍组建起来了。

至此，办案环境和办案力量都已不是问题，可以大干一场了。

疫情之困

天有不测风云。2020年春节前，新冠肺炎疫情暴发。现场去不了，抽调的队伍见不了面，办案工作无法推进。

还是一体化办案的启发，人员不足，化零为整；问题落实，化整为零！

据此思路，我们制定了《关于办理万峰湖生态环境公益受损案件的工作方案》，一方面，要求各地尽快摸排案件线索，但要统一上报，由最高检统一管理。另一方面，明确专案最终由若干个具体案件组成，通过指定或交办的方式交地方检察机关办理，各具体案件的线索分流、立案、诉前、起诉等关键程序由最高检统一把关。

不能现场办案，怎么办？借助现代科技手段，远程指挥。一方面利用现代办公设备，通过互联网、电话、微信与三地办案团队密切联系，上情下达，下情上知，第一时间解决办案中的困难。比如广西隆林养殖大户某公司非法网箱养殖问题，考虑到该公司是当地的龙头企业，又是招商引资的企业，我们指导广西三级检察机关办案人员既态度坚决，又释法说理，在生态优先的前提下，尽量维护企业的利益，最终取得企业的支持，在 2020 年 9 月中旬前将非法网箱全部拆除。另一方面，借助远程办公系统，最高检专案组在 2020 年 7 月 15 日组织召开了"万峰湖流域生态环境公益诉讼专案视频调度会"，对下一步的办案工作进行了部署，提出了要求，极大地鼓舞了一线办案人员的士气。

正如预想的那样，效果很快显现。2020 年 4 月 23 日，三省（区）检察机关上报第一批 31 条案件线索。经研判，最高检专案组向三省（区）检察机关交办了 25 条案件线索，地方检察机关立案 22 件。

2020 年 9 月 18 日，三省（区）检察机关上报了第二批 30 条案件线索。经研判，最高检向三省（区）检察机关交办和指定办理了 23 条案件线索，地方检察机关立案 23 件。

通过办案，彻底解决了万峰湖湖面非法网箱养殖、水面移动设施导致的污染问题，常态化解决湖面垃圾污染问题，全面打击非法捕鱼等影响万峰湖生态环境的违法行为，解决了多年没有解决的历史遗留问题，解决了一地想解决而不能解决的问题，解决了有些地方认为不可能或者当前不可能解决的问题，解决了中央环保督察连续两次指出的问题。

独具特色的"1＋N"办案模式正式形成，既保证专案的统一办理，又解决了个案的具体问题，借助现代化科技，实现了"人在北京，案在西南"的良好效果。

直接的办案效果已经实现，但专案组并未满足于此。如果专案组撤了怎么办？污染反弹怎么办？还须推动三地深化长效机制建设。

三地检察机关签署跨区划检察协作机制。2020年10月27日，广西百色市院、贵州黔西南州院、云南曲靖市院共同签署了《关于万峰湖流域生态环境和资源保护协作机制（试行）》，就"依法协同、沟通配合、统一尺度、共治共赢"达成共识，为三地检察机关形成合力，积极履行公益诉讼职责，共同维护万峰湖流域生态环境和资源保护奠定了基础，搭建了平台。

三地全面落实"河湖长＋检察长"机制。三省（区）基层检察院分别与水务部门、河长办签订了协作机制。

2020年10月19日至20日，云南省河长办会同云南省检察院牵头主办的珠江滇黔桂跨界河湖第一次联合巡河巡查暨联防联控合作座谈会在曲靖罗平召开。

云南省水利厅副厅长、贵州省水利厅副厅长、广西河长办专职副主任以及三省（区）相关部门人员共30余人联合对万峰湖进行了巡湖巡查。"河湖长＋检察长"协作机制的落实，对推进检察机关与行政机关的沟通、协作，形成保护合力，实现万峰湖治理长治长效意义深远。

三地推动协同立法。2020年9月16日至18日，广西百色市、贵州黔西南州、云南曲靖市人大常委会在广西隆林召开会议，三市就跨区域协同立法合作范围、合作机制等内容达成一致意见，共同签署了《百色市、黔西南州、曲靖市人大常委会跨区域协同立法合作协议》。

广西百色市司法局和隆林县人大常委会共同起草了《百色市万峰湖保护条例》，现已提交百色市人大常委会依法审议，待广西壮族自治区人大常委会审议通过后颁布。黔西南州、曲靖市人大常委会也在积极筹备相关立法。

结案之苦

直接办案目标已经实现，部分长效机制已经形成，理应结案了吧？不！能不能结案不能检察机关自己说了算！关键是沿岸老百姓的生计怎么办。

张军检察长对检察机关办理公益诉讼案件有明确指示，不能以案论案，要通过办理一案，实现治理一片，从而影响一面。因此除专案办理效果外，还要争取双赢多赢共赢。

根据 2020 年 9 月中旬最高检有关领导在万峰湖现场办案时提出打造"万峰生态鱼"品牌建设的思路，专案组开始着手研究推动更为深远的问题——为巩固办案成效，探讨开展渔业生态养殖的可行性，以及如何通过三地统一管理等方式实现依法规范生态养殖，协同开发万峰湖。

2020 年 12 月 24 日，专案组在贵州省兴义市举行"万峰湖专案"检察听证，邀请与本案无利害关系的社会人士 7 名作为听证员。

其中，全国人大代表 3 名、相关专家学者 4 名；邀请生态环境部珠江局、水利部珠江委、水利部水库移民司、农业农村部渔业渔政局 4 名代表列席；邀请百色市、黔西南州、曲靖市三地人民政府 3 名市（州）领导代表地方行政机关参会，邀请万峰湖沿岸五县人民政府 5 名领导和 6 名万峰湖沿岸群众代表旁听。

听证会上，大家一致认为四级检察机关协同配合开展公益诉讼，履职有力，"万峰湖专案"办案目的已经实现，一致建议沿岸三地人民政府在检察机关的督促下，以习近平总书记"两山"理论为指导，在生态优先、科学养殖前提之下可探索生态养殖，助力沿湖居民增收致富。

按理说，案子办到这一步，应当结束了吧？不！最高检有关领导讲道，专案办结只是一期工程，我们还要关注并推动三地协同执法和相关部委加强跨区域执法，解决万峰湖流域直接非法污染问题；关注并推动三地建立跨区划河（湖）长制、组建跨区划执法机构，解决万峰湖流域长期保护问题；关注并推动三地在生态优先的前提下以发展生态渔业养殖、绿色农业、环保野钓、民俗旅游等方式协同开发万峰湖，解决沿岸群众生活问题；关注并推动水利部相关部门研究调整有关政策，解决水库移民后期扶持标准过低问题；关注并推动建立万峰湖流域横向生态补偿机制，解决上下游保护环境权责分配不合理问题；关注并推动三省和有关部委研究完善万峰湖流域交通（高速公路和高铁）、旅游、农业、新农村建设等有关乡村振兴和脱贫攻坚等基础性宏观政策，解决万峰湖流域生态环境保护的根本性、长期性问题。

案结事未了。2021 年 1 月 11 日至 17 日，根据领导指派，我和三地同志对万峰湖生态环境整治的情况及成效进行了回访，先后与三地地方党委政府主要领导、相关行政机关负责人、企业代表、群众代表等近 30 人进行深入座谈交流，中央电视台《今日说法》栏目组全程参加，同步采访。

下一步，三地四级检察机关仍将以法治思维、法治方式推动贯彻落实习近平生态文明思想，"既要绿水青山，又要金山银山"，为让万峰湖流域居民过上富裕、美好的小康生活，让万峰湖的碧水蓝天成为永恒的美丽画卷，不懈努力。

万峰湖专案

2020 年 7 月 15 日,最高人民检察院召开万峰湖流域生态环境公益诉讼专案视频调度会,听取案件进展情况,研究部署下一步工作重点。这是最高检直接立案办理的第一起公益诉讼案件。

万峰湖因"万峰"环绕而得名,属珠江源头南盘江水系,迂回盘绕着黔、滇、桂三省(区)五县(市),是云贵高原上的一颗"平湖明珠",更是"珠三角"经济区的重要水源供给地。

最高检第八检察厅在黔西南调研期间根据当地反映赴实地查看发现,部分水域不同程度存在违法网箱养殖、搭建浮房等损害生态环境的行为,部分水域存在水质严重不达标的情形。

2019 年 12 月 11 日,最高检决定对万峰湖流域生态环境受损情况立案调查,成立由最高检副检察长张雪樵任组长,第八检察厅及广西、贵州、云南三省(区)四级检察机关骨干共同组成的专案组。

立案以来,专案组一手抓抗疫,一手抓办案,按照工作方案有序推进各项办案工作。在最高检的统一指挥下,三地检察机关主动向当地党委、政府汇报工作,得到大力支持,三省(区)政府主要负责同志均明确批示支持检察机关的办案工作。

据统计,截至 2020 年 7 月,专案组共摸排案件线索 28 件,以挂牌交办方式交三地检察机关 26 件,地方检察机关立案 20 件,磋商解决问题 9 件,发出诉前检察建议 8 件。

不到一年,万峰湖湖面上可见的污染全部消灭,干支流生活污水、工业废水污染得到有效遏制。三地检察机关会签了协作意见,沿湖五县会签了"河(湖)长 + 检察长"机制,三地人大形成共识,万峰湖保护统一立法有序推进。

2020 年 12 月 24 日，在贵州省黔西南布依族苗族自治州，专案组针对办案成效和如何发展万峰湖生态养殖举行检察听证，最高检副检察长张雪樵在会议上宣布"万峰湖专案"结案，为专案画上句号。

过程之美

艰难困苦，玉汝于成，但专案的办理过程不只是各种艰难困苦，我们还收获了各种美好，如同列车，驶向目的地的途中还有沿途风景。

最具中国特色的司法制度焕发出的协同伟力。检察公益诉讼制度特别是行政公益诉讼制度，经过两年的试点探索、三年多的全面推行，已经落地生根，被称为最具中国特色的司法制度，成为"中国之治""中国智慧"的亮点之一，各方反映良好，受到国内外法学界、司法界的高度关注。

"万峰湖专案"淋漓尽致诠释了这一制度的价值和优势。万峰湖流域生态环境受损问题由来已久，广西、云南、贵州三地都想治理，中央环保督察两次督办，相关行政执法部门都有相应职责，但均难根治。

专案组通过协同三地三级党政机关，迅速形成共识；通过协同三地行政机关、检察机关，凝聚了执法合力，不到一年时间，直接违法问题彻底解决；通过协同当地党政机关和养殖企业，探索出了一条生态发展的新路子。

检察机关通过履行公益检察职责，没有增加行政投入，却实现了三地以前想做却没做成、贵州一地想做却没做彻底的难事，原因何在？

这是因为检察公益诉讼制度完美地适应了我国的国情、政情，有了党和人民的"加持"，检察公益诉讼制度的协同作用得以无限发挥，使得 1 + 1 > 2 成为可能。

我全程经历了此项制度的探索和实践，指导地方办理了大量案件，认识不可谓不深，但亲历了"万峰湖专案"，还是更新了从前的认知，在中国，对检察公益诉讼制度在国家治理体系中的作用，应有更多更高的期许。有了这层新认识，今后办案，我的信心更强、干劲更足了。

为将"办案 + 培训 + 研究"这一模式落到实处，根据领导指示，我和三地有研究热情的同志组建了"西南论检"微信群，根据问题导向，按照"文章合为事而著"的理念，经梳理问题、领取课题、列出提纲、共同研讨、形成文稿、集体评审、修改定稿等环节，报领导审核把关后，向《检察日报》《中国检察官》等刊物投稿。

由于"万峰湖专案"是最高检直接立案办理的第一起公益诉讼案件，从立案到结案，需要研究的问题和争点很多，案件的办理过程，既是实务探索的过程，也是理论研究的过程，大家集思广益，创造了一个又一个第一，也产生了一篇又一篇文章。

办案还激发了我的文青梦。平日里难得有诗意，更难有诗句，万峰湖专案办理期间，前前后后我竟写下了几十首"打油诗"。初到万峰林，写下"民风淳朴屋俨然，莫非传说桃花源"；与三地协作时，深知"加强协作可共赢，公益检察是大计"；听证会期间，有感"上下忙碌整一年，水碧鱼美心欣然"；结案后回访时，感叹"检察是把钥匙，专破难政之锁。公益制度价值，必将更多认可"；走访云南多依河时，赞叹"美丽多依河，碧水逐清波；保护与开发，考验当政者。"在隆林遇到办案阻力时，励志"五彩隆林不平路，官员无奈百姓苦；后龙山上走一走，无限生机又满目。"

　　虽然自己文采平平，但办案过程还是给了我很多触动，公益诉讼检察刺激了我内心最善良、最柔软的点，所以才会豪情壮志、激情满怀。我深深认为，能为人民群众做点贡献，是我的福气；能有平台做点善事，是我的幸运。

　　往事如烟，往事又并不如烟，这一段办案经历，我永生难忘。

【检察日报】

从万峰湖到南四湖[*]

闫晶晶

万峰湖、南四湖，从地图上看一南一北，一个是珠三角经济区的重要水源，一个是南水北调工程输水干线，都具有重要的生态地位，滋养着沿湖流域的土地和人民。然而，近年来开展的中央环保督察结果显示，与"两湖"相关的问题线索并不在少数——网箱养鱼、黑臭水体、农业面源污染……

生态文明建设是"国之大者"。对于"两湖"环境污染案，最高人民检察院先后立案并成立专案组。目前，万峰湖流域生态环境受损公益诉讼专案已结案，南四湖流域生态环境受损公益诉讼专案正在进行中。从万峰湖到南四湖，最高检为何紧盯"两湖"污染问题不放？如今的"两湖"变样了吗？

"两湖"专案：最高检为何直接办理

2017年，我国检察公益诉讼制度结束两年试点工作，开始在全国范围内全面铺开。之后，办案数量逐年增长。到2020年，全国检察机关办理公益诉讼案件数量首次突破15万件，发出诉前检察建议超过11万件，检察建议回复整改率达99.4%。

---

* 本文原刊载于《检察日报》2021年9月2日第5版。

但是，大多数案件由市县两级检察院办理。最高检、省级检察院更多承担的是制定宏观政策和业务指导工作，办理案件的主要方式是交办、督办和指导。

据最高检第八检察厅主办检察官刘家璞介绍，最高检直接办理的公益诉讼案件要符合特殊条件，比如在全国或全省有重大影响；监督对象层级较高，如省级以上行政机关等；案情较为复杂，办案阻力较大；跨流域或跨区划等。

在检察公益诉讼更加强调办案质效的发展阶段，最高检党组要求加大自办案件力度，办理有影响的公益诉讼案件。万峰湖专案便是最高检直接办理的公益诉讼第一案。

万峰湖专案为何能成为第一案？专案组组长、最高检副检察长张雪樵给出了答案：因为它是真正的"硬骨头"案件。相关养殖污染问题已经拖了十多年，2017 年更是被中央环保督察组列为重点问题，但因为三省五县（区）执法不统一，直到 2019 年还是没有得到根本解决。鉴于地方检察机关目前还无法对相邻省份的行政机关提起公益诉讼，最高检选择迎难而上，直接立案。

最高检直接办理万峰湖专案，得到了三省区党政机关的大力支持，形成了跨区域协同治理、行政机关和司法部门协同治理的合力。经过一年多各部门的努力，如今的万峰湖，纵横交错的非法网箱和浮房已经难觅踪影。

"以前一走到湖边就能闻到死鱼死虾的味道，现在湖水也清了，来旅游的人也多了，我们对治理效果很满意。"生活在万峰湖边的村民说。

万峰湖专案的成功办理，为南四湖专案提供了可借鉴的经验。同样是跨区划、影响较大的案件，南四湖流域面积 3.17 万平方公里，涉及山东、江苏、河南、安徽 4 个省 34 个县（市、区），湖区面积 1266 平方公里，是万峰湖的 1.5 倍，也是我国北方最大的淡水湖泊。

"南四湖的污染情况更复杂，治理难度比万峰湖更大。"这是专案组成员的普遍感受。单从案件数量来看：万峰湖专案共立案 80 余件。而截至 8 月 15 日，南四湖专案中山东、江苏、安徽三省各级检察机关已立案 204 件，收集的线索主要涉及工业污染、围湖养殖污染、码头船舶污染、生活污染、农业面源污染等生态环境问题。

最高检今年制定下发的《"十四五"时期检察工作发展规划》明确规定，最高检、省级检察院每年要直接办理重大影响性公益诉讼案件，并要求突出解决重点领域损害公益问题，加强与行政机关全国性专项整治协同，强化与中央环保督察、审计、监察等衔接。今后，最高检直接立案办理公益诉讼案件将成为常态。

结案不是结束： 实现绿水青山和金山银山辩证统一

2020 年 12 月 24 日，万峰湖专案召开公开听证会并宣布结案。"专案虽已结案，但并没有彻底画上句号。"正如张雪樵所言，对检察公益诉讼案件来说，办案流程终结并不意味着一起案件的结束。如何做到既要"绿水青山"，也要"金山银山"？这也是万峰湖专案听证会上的一个重要议题。

万峰湖专案结案后，广西、云南、贵州三地检察机关持续开展"回头看"，继续办理了一批保护万峰湖流域生态环境的公益诉讼案件，确保环境污染问题不反弹。在广西西林县检察院的监督下，今年 1 月 26 日，该县古障镇三个屯的污水处理设施已竣工并投入使用，居民生活污水得到集中处理，万峰湖（西林辖区）支流水环境得到进一步改善。

在刘家璞看来，办理环境公益诉讼案件有三个维度：解决污染问题；建立长效机制；环境美起来、百姓富起来。万峰湖流域环境污染问题得到了解决，环境美了，如何做到百姓富？万峰湖，也是沿湖渔民赖以生存的湖。结案后，大家面临的是网箱整治后出现的库区群众生产生活需求、生态环境保护、库区资源利用开发的规范化管理瓶颈等问题。

带着问题，专案组成员于琰峻和蔡旭栋等人又多次到万峰湖开展实地调研，和沿湖五县党政机关负责人共商发展之计。

"水产养殖污染风险较大，要警惕非法生产养殖回流。"生态环境部环境规划院生态环境风险损害鉴定评估研究中心主任於方有点担心。对此，沿湖各地也有自己的生态养殖思路。

"建议万峰湖水域三省五县成立公司统一经营、统一管理，实行'人放天养'的生态养殖。"贵州省兴义市农业农村局有关负责人说。

目前"万峰生态鱼"已经是当地注册品牌，并获得有机认证，建立了万峰鱼产品溯源体系。由黔西南州生态渔业协会牵头统筹，组建贵州万峰鱼商贸有限公司，全州一盘棋进行销售，并与重庆市商务委、农业农村部休闲垂钓协会建立长效合作机制，真正做到以鱼为媒、以渔为本。

广西检察机关也持续关注万峰湖生态渔业、休闲旅游业资源开发的绿色、可持续发展情况，保持着与生态环境部门、农业农村部门密切交流。下一步，自治区检察院将深入隆林县、西林县开展调研，与两县政府及相关职能部门就生态养殖的可行性、如何持续大力推进进行研究。云南省曲靖市检察院下一步将设立万峰湖巡回检察室，加强流域司法保护，探索建立万峰湖生态修复基地，作为替代性修复示范点。

这次调研推动了万峰湖沿湖五县统一思想，形成共管、共治、共建、共享的初步框架，助力万峰湖长效治理保护和绿色发展。三地还将万峰湖流域协同治理纳入立法计划。

南四湖专案： 更大的挑战

南四湖沿湖四省山东、江苏、河南、安徽均为我国经济、人口大省，是京杭大运河现在仍通航段主航道，也是南水北调东线一期工程输水干线和重要的调蓄水库，未来还将向雄安新区供水。具有如此重要生态地位的南四湖，环境污染问题却是由来已久，沿湖地区治污脚步从未停歇。然而，因为污染行为跨区域、涉及面广、成因复杂，污染类型涉及工业污染、船舶污染、生活污水污染、违法养殖污染等，被监督主体涉及多个行政机关和大型企业，沿湖四省在执法标准、排污许可标准方面并不统一，南四湖污染问题难以根治。

"南四湖地处我国几个人口大省，关系到更多更大群体老百姓的生活，甚至一些大企业、当地支柱企业的生存发展。"最高检第八检察厅厅长胡卫列说，最高检直接立案，也是想通过检察机关把不同地方不同行政机关的力量整合起来，推动问题的解决。

今年4月8日，最高检决定对南四湖流域生态环境受损问题立案并成立专案组，从更高层面解决"九龙治水"的难题。

从线索收集研判到现场调查取证，再到立案、发检察建议，面对如此复杂的案件，专案组工作正在有条不紊地展开。

6月10日至12日，张雪樵带领南四湖专案组到现场办案，对前期梳理的线索进行调查核实，记者随行采访。驱车两个多小时，专案组来到枣矿集团高煤公司，发现该公司几处大的排污口已停用，没有废水排出。而在一处混合入河排污口，废水正直排入河。检察官取样检测，结果显示硫酸盐、全盐含量超标。

现场办案的路上，随处可见废弃的鱼塘，更有因为采矿造成地面塌陷而荒废的村庄。与山东省济宁市微山县交界的江苏省徐州市铜山县"利国河沟"有大量外露工业排污管道，其中一处管道废水直排入湖。专案组一方面通过拍照、录像等方式固定有关证据，另一方面加紧检测，确认排放废水存在水质超标问题。另有群众举报，反映已被责令关停的企业在夜间违法开工生产。检察官经确认，问题基本属实。

山东省微山县湖兴村，依水而居，是一个纯渔村。到湖兴村需要先坐船，途中记者乘坐的船两次被渔网缠住发动机，不得不停下来修理，可以想象以往水产养殖的密集程度。而现在，更多的是停靠在岸边的废弃渔船，偶尔有个别垂钓者。途经运河航道，还有不少运输船只停靠，住在上面的船员直接将生活污水倒入湖中，湖兴村也没有生活污水处理设施。

时隔一个月，7月14日，记者跟随专案组再次来到高煤公司。在该公司废水排放人工监测点的水池里，有几条小鱼游来游去，经过处理的工业废水水质已经达标，经班村引河流入南四湖。为使排污达到标准，该公司专门建立矿井水脱盐项目部，经过处理的盐体结晶盛了大半麻袋。

"我们以前的生活污水都直接倒掉了，现在政府建设了统一的污水管道，都会排到那里去。"再访湖兴村，村民指着不远处正在施工的排污设施说。

专案立案以来，各地共推动南四湖流域关闭工业企业非法设置排污口 99 个，处置固废、危废 2.1 万余吨，拆除沿湖违章建筑 18 处，处置沿湖生活垃圾约 1970 吨，治理黑臭水体 461 处，拆除违法养殖 87 处，依法关停企业 63 家，已取得初步成效。

规范增效、 科技赋能： 推动公益诉讼高质量发展

随着公益诉讼检察工作的深入开展，检察机关办理公益诉讼案件的数量大幅度提升，对办案质量的要求也越来越高。近日，最高检部署开展为期一年的"为民办实事，破解老大难"公益诉讼质量提升年专项活动。

"两湖"专案作为最高检直接立案办理的公益诉讼案，理应起到带头示范的作用。记者注意到，两个专案组组长均为张雪樵，院领导带头办案，不仅仅是充实办案力量，更是通过办理疑难、复杂、有影响的案件，总结经验，发现深层次问题，预防、解决检察管理、司法办案中的问题，带动整个公益诉讼检察队伍提升能力水平。在 8 月 23 日召开的南四湖专案第二次推进会上，张雪樵专门提出，要结合专项活动，办理一批标志性案件，助推解决南四湖治理难题。

公益诉讼全面开展至今，已经步入规范化办案阶段。今年 7 月 14 日，最高检公布《人民检察院公益诉讼办案规则》（以下简称《规则》），明确办理公益诉讼案件的具体程序，为检察机关办案提供了统一的规范依据。在《规则》的基础之上，南四湖专案组进一步细化办案标准和程序，在立案、调查取证等各个环节分别下发工作提示，指导沿湖各地检察机关规范办案，至今已发提示 12 个。

与万峰湖专案组相比，南四湖专案组有了新成员。由于一些基层检察院在检验鉴定方面缺乏专业设备和人才，专案组亟须技

术层面支持。随着最高检检察技术信息研究中心环境公益诉讼技术人员的正式加入，技术分组就此成立，利用最高检仪器设备优势、条线技术力量和各合作单位技术资源，为南四湖专案办理提供全方位技术支持。

7月25日，技术分组收到了一份来自山东省枣庄市山亭区检察院的委托鉴定书，希望对一起固体废物污染环境案中土壤元素成分进行鉴定，技术分组很快鉴定完毕并作出回复，帮助检察官认定事实。

8月20日，最高检下发关于加强南四湖专案技术支持工作的提示，明确技术分组可以提供支持的具体方面。"比如水和土壤中重金属元素的检测，其他多项水质指标的检测等。我们都可以出具鉴定文书，为南四湖专案办理提供证据支持。"技术分组负责人吕俊岗介绍，必要时还可以协助地方检察机关组织专家论证会，提供专家意见支持。

值得一提的是，南四湖专案组走访梳理的237条线索中，有84条重要线索与中科院空天信息创新研究院通过卫星遥感技术快速排查出来的线索高度印证。"从提升案源质量方面来说，这是对传统公益诉讼办案在方法上的创新。"在检察公益诉讼遥感综合应用负责人、中科院空天信息创新研究院研究员刘朔看来，遥感技术为公益诉讼办案提供了一双"太空的火眼金睛"，可以帮助跨行政区域快速发现问题、指引办案重点、提高线索质量和及时跟进进展。从该研究院高级工程师陈勇敢展示的卫星遥感可见光图像中看，南四湖流域部分水体颜色黄、绿、黑相间。对比今年4月份和8月份的卫星遥感图像可以看出，经过几个月治理，黑臭水体已经明显少了很多。

近日，中共中央印发《关于加强新时代检察机关法律监督工作的意见》，明确提出积极稳妥推进公益诉讼检察，加大生态环境和资源保护等重点领域公益诉讼案件办理力度，同时提出加强检察机关信息化、智能化建设。

　　自觉有效运用现代科技手段，以法治的力量调动各方合力，促进国家治理体系和治理能力现代化建设，"两湖"专案组正在用实际行动落实党中央要求，朝着环境美、百姓富，公益诉讼高质量发展的目标前行。

【新华社】

最高检首例直接办理公益诉讼案
"万峰湖专案"作为指导性案例发布

新华社贵阳 9 月 22 日电（记者汪军、刘奕湛） 22 日，最高人民检察院直接办理的第一起公益诉讼案——万峰湖流域生态环境受损公益诉讼案，作为指导性案例在位于贵州省兴义市的黔桂滇三省（区）万峰湖联合水上检察室正式发布。这是第一次采用"一批次一案例"的形式发布，同时也是第一次在办案现场发布指导性案例。

2019 年 11 月，最高检收到万峰湖流域生态环境污染公益诉讼案件线索。经调查查明，万峰湖地处广西、贵州、云南三省（区）接合部，水面达 816 平方公里，蓄水量达到 100 多亿立方米，是我国十大水库之一，其水质事关沿岸 50 多万人民群众的生产生活和珠江流域的高质量发展。由于该地区污染防治工作滞后，网箱养殖无序发展，导致湖区水质恶化严重，整体水质在 III 类或者 IV 以下，部分水质甚至达到劣 V 类。

经综合分析研判，2019 年 12 月，最高检决定基于万峰湖流域生态环境受损的事实直接进行公益诉讼立案。历时一年，通过办案督促整治，万峰湖生态环境污染问题得到有效整改，湖面非法养殖、沿湖岸线及干支流污染等问题得到有效解决，水质持续好转。如今，碧波荡漾的万峰湖，均为 I 类或者 II 类水体。

　　最高人民检察院副检察长张雪樵说，"万峰湖专案"指导性案例发布，彰显了公益诉讼检察在跨区划生态环境受损问题解决上的独特价值作用，同时对省级以上人民检察院直接办理生态环境和资源保护领域的公益诉讼案件、检察一体化办案模式的运用以及检察机关以办案为中心推进诉源治理等起到示范引领作用。

　　据了解，自 2017 年 7 月 1 日检察公益诉讼制度全面实施以来，截至 2022 年 8 月 31 日，全国检察机关共立案办理公益诉讼案件 70.2 万件，其中生态环境与资源保护领域案件 35.3 万件，在公益诉讼案件中占比超过 50%。

【中国网】

万峰湖专案指导性案例发布！
看检察公益诉讼如何让黑臭水体重现万顷碧波

中国网 9 月 22 日讯（记者彭瑶） 最高人民检察院 22 日在位于贵州省兴义市的黔桂滇三省（区）万峰湖联合水上检察室召开第四十一批指导性案例新闻发布会，最高检督促整治万峰湖流域生态环境受损公益诉讼案（以下称"万峰湖专案"）作为指导性案例正式发布。本次发布首次采用"一批次一案例"的形式，同时也是第一次在办案现场发布指导性案例。

万峰湖地处广西、贵州、云南三省（区）接合部，水面达 816 平方公里，蓄水量达到 100 多亿立方，是我国十大水库之一，其水质事关沿岸 50 多万人民群众的生产生活和珠江流域的高质量发展。2019 年 11 月，贵州省人民检察院向最高检反映了万峰湖流域生态环境污染公益诉讼案件线索。

由于该地区污染防治工作滞后，网箱养殖无序发展，导致湖区水质恶化严重，整体水质在 III 类或者 IV 以下，部分水质甚至达到劣 V 类。虽经中央生态环境保护督察组两次督察整改，但未能根治。经综合分析研判，2019 年 12 月，最高检决定基于万峰湖流域生态环境受损的事实直接进行公益诉讼立案。历时一年，通过办案督促整治，万峰湖生态环境污染问题得到有效整改，湖面非法养殖、沿湖岸线及干支流污染等问题得到有效解决，水质持续好转。如今万峰湖的万顷碧波都是Ⅰ类或Ⅱ类优质水体。

运用一体化办案模式　推动跨区域协同综合治理

"作为最高检直接立案办理的第一起公益诉讼案件，办理过程中出现了很多意想不到的问题，最高检在办理理念、办案模式、工作机制等方面作出积极探索。"最高检检察委员会委员、第八检察厅厅长胡卫列表示，万峰湖专案中，最高检直接立案，大检察官担任主办检察官。坚持"双赢多赢共赢"理念，争取了党委政府支持，凝聚各相关主体公益保护共识和合力，推动跨区域协同综合治理。

办案过程中，探索"以事立案"，解决公益受损责任主体众多、情况复杂等导致以监督对象立案难的问题，同时，运用一体化办案模式，组织多地、多级、多个检察机关凝聚检察合力，破解办案力量、办案阻力等现实问题。运用公开听证等办案方式，对案件办理质效进行客观评价，提高司法公信力，提升办案说服力和诉前程序司法化水平。邀请专家对办案中遇到的专业问题进行咨询评价，运用无人机、快速检测设备等提升调查取证效能。

公开听证接受社会监督　开启办案　"后半篇文章"

"万峰湖流域生态环境受损涉及三省（区）五县（市），管理主体分散、利益诉求多元，各方认识不一，为了评估整改效果、凝聚治理共识，自觉接受社会监督，2020年12月24日，最高检办案组对该案公开听证。"最高检第八检察厅二级高级检察官刘家璞介绍，最高检办案组结合听证意见，综合考虑案件实际，对该案作出了终结案件决定，同时开启办案"后半篇文章"，推动沿湖五县（市）联合执法监管和统一生态养殖，既要绿水青山，又要金山银山，切实造福沿湖人民群众。

在检察机关的推动下，相关政府部门坚定绿色发展理念，消除分歧，沿湖五县（市）形成共管、共治、共建、共享的新发展格局，推动对湖区实行统一联合执法监管，合作成立"黔桂滇万峰湖渔业开发有限公司"，在"治标"基础上实现"长治"，携手走上万峰湖流域长效保护、绿色发展和乡村振兴之路。

当前，万峰湖专案第二阶段工作已基本完成。为评价万峰湖专案第二阶段工作取得的成效，论证开展生态渔业如何确保万峰湖一湖碧水，三省（区）五县（市）不同行政区划如何确保统一执法，最高检还将于9月23日召开万峰湖专案第二次听证会。

彰显公益诉讼检察独特价值　为破解"公地悲剧"难题提供"中国方案"

最高检副检察长张雪樵指出，从办案前的黑臭水体到如今的一湖碧水，从第一阶段的违法网箱清理到第二阶段的生态渔业开发，彻底否定"先污染，后治理""只看经济效益，不重环境保护"的错误发展思路，进而督促相关政府在生态优先、科学养殖前提之下探索生态养殖，打破了环境保护与经济发展的"零和博弈"，化"绿水青山"为"金山银山"，为走生态优先、绿色发展之路，树立具有实践指导意义的典范。

该案的指导意义在于：对于案情复杂、一时难以确定监督对象的公益损害线索，可以基于公益损害事实立案；对于江河湖泊流域性生态环境治理或者跨行政区划重大公益损害案件线索，上级人民检察院可以依法直接立案；发挥检察一体化优势，上、下级人民检察院统分结合，充分发挥各自的职能作用；发挥检察听

— 176 —

证作用，评估办案成效，凝聚治理共识，提升办案效果；以跨区划流域治理问题为导向，建立常态化公益保护机制，推进诉源治理。

发布会指出，万峰湖专案的成功办理，是中国特色社会主义的体制优势转化为国家治理和社会治理效能的又一个真实写照。万峰湖专案指导性案例发布，彰显了公益诉讼检察在跨区划生态环境受损问题解决上的独特价值作用。跨行政区划公益诉讼检察不仅是一项司法制度，更代表了社会治理理念的更新、社会治理模式的转型，为破解"公地悲剧"这一世界性难题提供了"中国方案"。同时对省级以上检察院直接办理生态环境和资源保护领域的公益诉讼案件、检察一体化办案模式的运用以及检察机关以办案为中心推进诉源治理等起到示范引领作用。

5 年立案办理生态环境与资源保护公益诉讼案件 70.2 万件

据了解，自 2017 年 7 月 1 日检察公益诉讼制度全面实施以来，截至 2022 年 8 月 31 日，检察机关共立案办理公益诉讼案件 70.2 万件，其中生态环境与资源保护领域案件 35.3 万件，在公益诉讼案件中占比超过 50%。

从 2021 年开始，最高检要求所有省级院都要直接办理公益诉讼案件，截至 2021 年底，实现 32 个省级院直接立案全覆盖。今年，最高检还立案办理了长江流域船舶污染治理公益诉讼专案，从长江上游云南开始，到贵州、四川、上海等 11 个省（市），同步推进解决长江流域船舶造成的生活污染、含油污水、固废等污染问题治理，落实好长江保护法。

一批次一案例，万峰湖专案有何特别*

闫晶晶

22 日上午，最高人民检察院发布第四十一批指导性案例——最高检督促整治万峰湖流域生态环境受损公益诉讼案（以下称"万峰湖专案"）。这次发布会在检察办案一线，位于贵州省兴义市的黔桂滇三省（区）万峰湖联合水上检察室举行。专案经历了怎样的办案过程？检察公益诉讼制度发挥其独特治理效能的制度逻辑是什么？最高检副检察长张雪樵，最高检检委会委员、第八检察厅厅长胡卫列，第八检察厅主办检察官刘家璞回答了记者提问。

检察公益诉讼制度的独特治理效能

发布会透露一组数据：自 2017 年 7 月 1 日检察公益诉讼制度全面实施以来，截至 2022 年 8 月 31 日，全国检察机关共立案办理公益诉讼案件 70.2 万件，其中生态环境与资源保护领域案件 35.3 万件，在公益诉讼案件中占比超过 50%。

检察公益诉讼制度已建立五年多时间，检察机关通过履行公益诉讼职能，解决了类似万峰湖污染等一大批"硬骨头"问题。

---

* 本文原刊载于《检察日报》2022 年 9 月 23 日第 4 版。

那么，检察公益诉讼制度发挥其独特治理效能的制度逻辑是什么？

对此，胡卫列表示，检察公益诉讼制度是在全面依法治国、全面从严治党的大背景下，以法治思维和法治方式推进国家治理现代化的重要制度设计，其发挥治理效能的制度逻辑就是党的统一领导下统筹协同、综合发力的政治优势和中国特色社会主义制度优势。万峰湖专案的办理充分彰显公益诉讼助力系统治理，统筹公益保护、建设长效机制与服务经济社会发展的独特效用。

党的领导是公益诉讼制度发展的根本保障，也是检察机关解决办案中具体问题的工作方法。在专案办理中，广西、贵州、云南三省（区）检察机关主动向当地党委汇报专案工作进展情况，得到了高度重视和大力支持。专案办理坚持以人民为中心，想群众之所想、急群众之所急，切实推动关系当地人民群众切身利益的污染问题解决，既严格依照法律，又充分考虑各相关主体的现实利益以及人民群众不同利益的平衡。在能否结案问题上，检察机关通过公开听证引入公众参与，整改成效满不满意让人民群众说了算。

"检察公益诉讼是一项具有中国特色的司法制度，既有严格规范、公开透明的程序要求，增强了司法办案的公信力，也有司法强制力、权威性的刚性保障。"胡卫列说，检察机关在办案中严格依法开展调查取证、提出检察建议，督促行政机关自我纠错，以提起诉讼作为后盾，有效保障办案目标实现。同时坚持协同共治，检察机关是法律监督机关，并不是污染治理的直接主体，是通过督促行政机关依法履职促进协同治理、系统治理。

发挥检察听证作用

万峰湖流域生态环境受损涉及三省（区）五县（市），管理主体分散、利益诉求多元，各方认识不一。为了评估整改效果、凝聚治理共识，自觉接受社会监督，2020 年 12 月 24 日，最高检办案组就该案举行公开听证。

通过检察听证，专家听证员和其他参加人员肯定了办案取得的成效，并形成了下一步沿湖五县（市）统一开展生态开发、协同规范治理、推动万峰湖流域生态环境持续向好的共识。

最高检办案组结合听证意见，综合考虑案件实际，对该案作出了终结案件决定，同时开启办案"后半篇文章"，推动沿湖五县（市）联合执法监管和统一生态养殖，既要绿水青山，又要金山银山，切实造福沿湖人民群众。

在检察机关的推动下，相关政府部门坚定绿色发展理念，消除分歧，沿湖五县（市）形成共管、共治、共建、共享的新发展格局，推动对湖区实行统一联合执法监管，合作成立"黔桂滇万峰湖渔业开发有限公司"，在"治标"基础上实现"长治"，携手走上万峰湖流域长效保护、绿色发展和乡村振兴之路。

刘家璞介绍，当前万峰湖专案第二阶段工作已基本完成。为评价万峰湖专案第二阶段工作取得的成效，论证开展生态渔业如何确保万峰湖一湖碧水，三省（区）五县（市）不同行政区划如何确保统一执法，23 日，最高检将召开万峰湖专案第二次听证会。

"听证是检察机关司法办案的一项重要方式。"刘家璞说，从公益诉讼的办案实践看，听证不仅有利于检察机关全面、及时、准确查明案件事实，正确适用法律，妥善作出决定，增强监督的针对性和时效性，还有利于保障群众知情权、参与权、监督权，促进司法公开和民主。检察机关通过释法说理，实现案结事了、政和人和，凝聚保护共识，形成共治合力。

张雪樵表示，公开听证是检验检察机关作为法律监督机关在处理公益保护问题时是否做到了公正，接受社会监督的重要方式，在监督检察机关的同时，也在监督与公益损害相关行政机关是否履职到位。

加大最高检、省级院自办案件力度

万峰湖专案涉生态环境受损问题，历时时间长，横跨三省（区），污染种类多，违法领域多，监管层级多，情况复杂，矛盾交织。最高检直接立案办理，取得了显著的办案成效。

胡卫列在回答记者提问时坦言，作为最高检直接立案办理的第一起公益诉讼案件，万峰湖专案办理过程中出现了很多意想不到的问题。最高检在办案理念、办案模式、工作机制等方面作出积极探索，运用一体化办案模式，组织多地、多级、多个相关检察机关参与，对跨省区重大公益诉讼案件办理具有示范意义。

当前，公益诉讼检察工作已经转向更加注重办案质效、更好发挥制度效能的发展阶段。从 2021 年开始，最高检要求所有省级院都要直接办理公益诉讼案件，截至 2021 年底，实现省级院直接立案全覆盖。

最高检为什么作出这样的要求？张雪樵对此作出回应：

一是省级以上检察院行政层级高、掌握的资源多，碰到市、县级检察院难以推动的公益诉讼案件，由省级以上检察院办理推动，既能办好案件推动解决问题，又能加快办理速度，做到既好又快，实现国家治理能力现代化。

二是解决一些职能分工不明确、法律规定不清晰的问题，如"九龙治水水不治"困境或者必须齐抓共管的"老大难"问题，由上级院办理往往能够有效推动问题解决。

三是起到"办理一案、警示一片、教育一面"的作用。如果基层院办理公益诉讼案件可以推动完善本区域问题的解决，以此类推，最高检、省级院可以从更高层面、更广范围推动补齐社会管理的漏洞和短板，实现源头治理。这是近几年省级以上检察机关办理公益诉讼案件的一个非常突出的作用点、影响面。实践已经证明，中国检察公益诉讼制度有独特的制度功能，具有强大的生命力，也是具有鲜明中国特色的崭新的司法制度。

【法治日报】

公益诉讼破解跨区划生态环境保护难题*

——最高检发布第四十一批指导性案例

张 昊 王家梁

9月22日，最高人民检察院在位于贵州省兴义市的黔桂滇三省（区）万峰湖联合水上检察室、检察办案第一线，发布了第四十一批指导性案例——最高检督促整治万峰湖流域生态环境受损公益诉讼案（以下称"万峰湖专案"）。

最高检副检察长、二级大检察官张雪樵，最高检检察委员会委员、第八检察厅厅长胡卫列等出席发布会，围绕万峰湖专案办理过程、检察机关办案实践内涵及该案的指导意义等回答了记者的提问。

"平湖明珠" 重现光彩

张雪樵在介绍本次发布的指导性案例——万峰湖专案的背景时说，2019年11月，贵州省人民检察院向最高检反映了万峰湖流域生态环境污染公益诉讼案件线索。当时，该地区污染防治工作滞后，网箱养殖无序发展，导致湖区水质恶化严重，整体水质

---

* 本文原刊载于《法治日报》2022年9月24日第3版。

在 III 类或者 IV 类以下，部分水质甚至达到劣 V 类。虽经中央生态环境保护督察组两次督察整改，但未能根治。

经综合分析研判，2019 年 12 月，最高检决定基于万峰湖流域生态环境受损的事实直接进行公益诉讼立案。历时一年，通过办案督促整治，万峰湖生态环境污染问题得到有效整改，湖面非法养殖、沿湖岸线及干支流污染等问题得到有效解决，水质持续好转。今天，万峰湖万顷碧波都是 I 类或者 II 类的优质水体。

胡卫列回答记者提问时介绍说，在该案件的办理过程中，最高检直接立案，大检察官担任主办检察官；坚持"双赢多赢共赢"理念，争取党委、政府支持；探索"以事立案"；运用一体化办案模式；运用公开听证等办案方式，对案件办理质效进行客观评价；借助"外脑"外力；落实"绿水青山就是金山银山"理念，检察机关侧重从这几方面依法履职，突破瓶颈阻力，让"平湖明珠"重现光彩。

推进治理能力现代化

万峰湖因盲目发展、无序养殖，导致流域污染日趋严重，中央生态环境保护督察后，贵州省、云南省、广西壮族自治区所辖湖区陆续开展了治理行动，但由于地跨三省（区）五县（市），上下游、左右岸的治理主张和执行标准不统一，流域污染拖延多年一直无法根治。

万峰湖专案的首要目标是清理网箱，办案一开始就碰到了难题。一家当地招商引资的龙头企业，非法养殖的网箱面积达 24 万平方米，每天投入饵料约为 30 吨左右，对水体造成严重污染。针对发展与保护的矛盾问题，2020 年 2 月 17 日，广西壮族自治区人民检察院将地方反映的关于清网行动缓一缓、等一等的要求报请到最高检，怎么办？

治理不好的原因在哪里，是生态保护优先还是经济发展优先……这些曾是该案件办理过程中需要面对的问题。

检察机关给出的答案是，坚持生态优先、绿色发展不动摇，绝不改变清理违法网箱的办案目标。

从第一阶段的违法网箱清理到第二阶段的生态渔业开发，彻底否定"先污染，后治理""只看经济效益，不重环境保护"的错误发展思路，进而督促相关政府在生态优先、科学养殖前提下探索生态养殖，努力成为跨区域公益诉讼中检察机关助力"绿水青山就是金山银山"的生动实践，打破了环境保护与经济发展的"零和博弈"，化"绿水青山"为"金山银山"，走生态优先、绿色发展之路，树立了具有实践指导意义的典范。

张雪樵在总结万峰湖专案实践内涵时说，检察权可以其法律监督的属性和垂直管理体制为后盾，利用跨行政区划公益诉讼检察，有效促进地方行政权的依法行使，克服地方越权执法、多头执法、选择性执法或不作为等实践中存在的问题，在更高水平、更深程度、更广范围推进法治政府建设。万峰湖专案以最低的司法成本、在最短的时间解决横跨三省（区）的湖泊流域问题，跨行政区划公益诉讼检察更代表了社会治理理念的更新、社会治理模式的转型，有利于提升多元主体共治的系统性、协同性、整体性，顺应了推进国家治理体系和治理能力现代化的时代要求。

发挥检察一体化优势

对于万峰湖专案的指导意义，张雪樵总结如下：

对于案情复杂、一时难以确定监督对象的公益损害线索，可以基于公益损害事实立案。流域性生态环境重大公益受损问题往往涉及多个侵权违法主体，还可能涉及多地多层级多个行政机关，一时难以确定具体监督对象。为避免公益损害继续扩大，人民检察院即使尚未查明具体违法履职的行政机关，或者实施具体侵害公益的民事违法主体，也可以基于公益损害事实及时立案。

对于江河湖泊流域性生态环境治理或者跨行政区划重大公益损害案件线索，上级人民检察院可以依法直接立案。跨两个以上省、市、县级行政区划的生态环境和自然资源公益损害，各地执法标准不一、治理进度和力度不同，由具有管辖权的各个基层人民检察院直接办案难度较大，对此，所涉行政区划共同的上级人民检察院可以直接立案。

发挥检察一体化优势，上、下级人民检察院统分结合，充分发挥各自的职能作用。上级人民检察院可以采用检察一体化办案模式，依法统一调用辖区的检察人员组成办案组，或者在下级人民检察院设立办案分组。上级人民检察院统一制定办案方案，明确办案目标、办案形式、办案步骤、办案要求等内容，统一把握案件进度、标准，通过案件审批、备案审查等方式把关具体案件立案、调查、磋商、制发检察建议、听证、提起诉讼等关键办案环节，统筹指挥开展办案活动。

【中国环境报】

凝聚共治合力推动打通"两山"转化路径[*]

陈媛媛

万峰湖流域生态环境受损案，这个难啃的"硬骨头"案件已结案。

9月23日，最高人民检察院召开万峰湖专案第二次听证会，推动沿湖三省（自治区）五县（市）联合执法监管和统一生态养殖，既要绿水青山，又要金山银山，切实造福沿湖人民群众。

进行公开听证，达成协同治理共识

在第一阶段的违法网箱清理结束后，为评估整改效果，最高检办案组曾在2020年12月24日举行了第一次公开听证。

为做好生态渔业开发，第二次听证会不仅邀请了三省（自治区）五县（市）主要领导，还邀请生态环境部珠江流域南海海域生态环境监督管理局、农业农村部渔业渔政管理局、水利部珠江水利委员会、中国科学院水生生物所、杭州千岛湖发展集团相关负责人参与听证，围绕万峰湖专案第二阶段工作目标和任务，为未来渔业发展建言献策。

"通过检察听证，专家听证员和其他参加人员肯定了办案取

---

[*] 本文原刊载于《中国环境报》2022年9月27日第6版。

得的成效，形成了下一步沿湖五县（市）统一进行生态开发、协同规范治理、推动万峰湖流域生态环境持续向好的共识。"最高人民检察院第八检察厅二级高级检察官刘家璞说。

成立指挥部，实行统一执法监管

万峰湖流域曾因"多头管理、难以管理、都不管理"现象突出，导致养殖污染严重。为此，三省（自治区）五县（市）不同行政区必须通过统一联合执法，加强检察协同督促，推进源头治理。

2021年1月，最高检办案组指导三省（自治区）检察机关对案件办理效果开展"回头看"工作，跟踪了解整改落实情况，并指导沿湖五县（市）检察院共同签署了《关于万峰湖流域生态环境和资源保护协作机制（试行）》，强化公益诉讼检察职能对万峰湖的生态保护作用。

2021年12月，五县（市）检察机关就建立黔桂滇三省（自治区）五县（市）万峰湖联合检察机制达成一致意见，联合制定《关于万峰湖流域生态环境检察公益诉讼案件跨区划管辖暂行办法（试行）》。

2022年3月，五县（市）党委政府决定成立联合执法指挥部，并会签《关于成立黔桂滇三省（自治区）五县（市）万峰湖联合执法指挥部的通知》，对湖区实行统一联合执法监管。

云南省曲靖市罗平县政府党组成员满家启是联合执法指挥部的重要成员。他亲自带队，常态化开展万峰湖湖面湖岸执法。

"我们会同有关县市对万峰湖的渔业养殖、娱乐垂钓及污染物排放进行监管，严厉打击破坏万峰湖生态环境的一切违法行为。"广西壮族自治区隆林各族自治县党委常委、人民政府副县长陈怀德说。

在听证会上，五县（市）领导表示，下一步，他们将按照指挥部的统一安排，抽调精干执法力量，服从安排，主动融入联合执法工作中。

发展生态养殖， 走长效保护之路

随着第一阶段的违法网箱清理结束，因投料养殖导致的水体黑臭现象已基本消除，万峰湖水质已明显改善，专案保护万峰湖生态环境公益的直接目的已基本达到。

"这一湖碧水是沿湖数百万群众做出巨大牺牲换来的，如果专案就此结束，法律监督利剑回鞘，网箱养殖会不会卷土重来，沿岸数百万人的心血会不会付诸东流？"2021年6月、8月和9月，最高人民检察院副检察长张雪樵带领办案组3次赴沿湖五县（市）调研，推动相关政府部门坚定绿色发展理念，寻找长效保护之路。

中科院水生所专家刘家寿受最高检委托考察后认为，万峰湖适合发展以增殖为主的生态渔业。

"万峰湖大水面生态渔业的发展，要抓住依法和科学两个关键。养殖水域滩涂规划、养殖证、环评、执法监管等要依法到位。要按照水域承载力确定适宜的放养种类、放养量、放养比例、起捕时间和起捕量；水产品的起捕要使用专门的渔具渔法，最大限度减少对非增殖品种的误捕，确保不对非增殖生物资源和生态环境造成损害。另外，要加强品牌建设，延长产业链，完善供应链，建立水产品可追溯体系，走生态化、品牌化之路。"农业农村部渔业渔政管理局陈家勇提出了意见建议。

"我们支持发展高质量的生态渔业，要坚持统一规划部署，捕什么鱼、捕多少鱼、什么时间捕、用什么方式捕，都要进行科学论证、依法有序进行，生态渔业应服从服务于生态环境保护。"生态环境部珠江流域南海海域生态环境监督管理局薛媛提出了建议。

近年来，浙江省千岛湖大力实施"以鱼保水""以鱼治水"工程，形成了具有千岛湖特色的"保水渔业"发展模式。目前，千岛湖区鱼类品种已达114种，生物多样性和渔业资源丰富，形成了千岛湖有机鱼全产业链，有力推动了地方经济发展。

在检察机关的推动下，2022年6月，五县（市）党委政府借鉴千岛湖成功经验，就万峰湖大水面生态养殖项目达成共识，并会签《黔桂滇三省（自治区）五县（市）万峰湖产业发展框架协议》，合作成立"黔桂滇万峰湖渔业开发有限公司"，注册了"万峰鱼"商标，着手在渔业、生态水产养殖、旅游业等多个行业发展，携手走上万峰湖流域长效保护、绿色发展和乡村振兴之路。

"有了专案组的推动，在相关部委的支持下，我们对源头治理、万峰湖渔业开发信心十足。"满家启说。

【中国食品报】

万峰湖专案成为具有实践指导意义的
生态环保典范*

袁国凤

"从办案前的黑臭水体到今天的一湖碧水,从第一阶段的违法网箱清理到第二阶段的生态渔业开发,彻底否定'先污染,后治理''只看经济效益,不重环境保护'的错误发展思路,进而督促相关政府在生态优先、科学养殖前提之下探索生态养殖,努力成为跨区域公益诉讼中检察机关助力'绿水青山就是金山银山'的生动实践,打破了环境保护与经济发展的'零和博弈',化'绿水青山'为'金山银山',走生态优先、绿色发展之路,树立具有实践指导意义的典范。"在最高检近日发布第41批指导性案例即万峰湖专案时,最高人民检察院副检察长张雪樵如是表示。检察公益诉讼全面实施以来,检察机关坚持"绿水青山就是金山银山"理念,始终将生态环境与资源保护公益诉讼工作摆在突出位置谋划部署,采取了一系列务实举措落实党中央"用最严格制度最严密法治保护生态环境"的要求。

---

* 本文原刊载于《中国食品报》2022 年 9 月 27 日第 3 版。

生态环保领域案件比重过半

自 2017 年 7 月 1 日检察公益诉讼制度全面实施以来，截至 2022 年 8 月 31 日，检察机关共立案办理公益诉讼案件 70.2 万件，其中生态环境与资源保护领域案件 35.3 万件，在公益诉讼案件中占比超过 50%。

张雪樵介绍，2019 年 11 月，贵州省人民检察院向最高检反映了万峰湖流域生态环境污染公益诉讼案件线索。最高检调查查明，万峰湖地处广西、贵州、云南三省（区）接合部，水面达 816 平方公里，蓄水量达到 100 多亿立方米，是我国十大水库之一，其水质事关沿岸 50 多万人民群众的生产生活和珠江流域的高质量发展。由于该地区污染防治工作滞后，网箱养殖无序发展，导致湖区水质恶化严重，整体水质在 III 类或者 IV 以下，部分水质甚至达到劣 V 类。虽经中央生态环境保护督察组两次督察整改，但未能根治。

经综合分析研判，2019 年 12 月，最高检决定基于万峰湖流域生态环境受损的事实直接进行公益诉讼立案。历时一年，通过办案督促整治，万峰湖生态环境污染问题得到有效整改，湖面非法养殖、沿湖岸线及干支流污染等问题得到有效解决，水质持续好转。

张雪樵表示，万峰湖专案指导性案例的发布，彰显了公益诉讼检察在跨区划生态环境受损问题解决上的独特价值作用，同时对省级以上人民检察院直接办理生态环境和资源保护领域的公益诉讼案件、检察一体化办案模式的运用以及检察机关以办案为中心推进诉源治理等起到示范引领作用。

坚持生态优先发展理念

据介绍，万峰湖本来山清水秀，因为盲目发展、无序养殖，导致流域污染日趋严重，虽经中央生态环境保护督察，贵州省、云南省、广西壮族自治区所辖湖区陆续开展了治理行动，但由于地跨三省（区）五县（市），上下游、左右岸的治理主张和执行标准不统一，流域污染拖延多年一直无法根治。

张雪樵表示，万峰湖专案的首要目标是清理网箱，办案一开始就碰到了"硬骨头"，广西 F 集团旗下的 G 渔业有限公司是隆林县招商引资的龙头企业，其非法养殖的网箱面积达到 24 万平方米，每天投入饵料约为 30 吨，对水体造成严重污染。针对发展与保护的矛盾问题，2020 年 2 月 17 日，广西壮族自治区检察院将地方反映的关于清网行动缓一缓、等一等的要求报请到最高检。

"在何去何从的十字路口，我们坚持生态优先、绿色发展的路子不动摇，绝不改变清理违法网箱的办案目标。"张雪樵表示，四级检察机关从万峰湖流域生态环境的具体情况出发，在法治轨道上实现立案模式、办案模式和结案追求的创新，更是为践行"绿水青山就是金山银山"理论提供了路径和经验。

一体化办案模式显成效

在提到本案的指导意义时，张雪樵表示，一是对于案情复杂、一时难以确定监督对象的公益损害线索，可以基于公益损害事实立案。二是对于江河湖泊流域性生态环境治理或者跨行政区划重大公益损害案件线索，上级人民检察院可以依法直接立案。三是发挥检察一体化优势，上、下级人民检察院统分结合，充分发挥各自的职能作用。四是发挥检察听证作用，评估办案成效，凝聚治理共识，提升办案效果。五是以跨区划流域治理问题为导向，建立常态化公益保护机制，推进诉源治理。

在具体办案中，侧重从哪些方面依法履责，让"平湖明珠"重现光彩？

"作为最高检直接立案办理的第一起公益诉讼案件，办理过程中出现了很多意想不到的问题，最高检在办理理念、办案模式、工作机制等方面作出积极探索。"最高人民检察院检察委员会委员、第八检察厅厅长胡卫列表示，最高检运用一体化办案模式，组织多地、多级、多个相关检察机关参与，对跨省区重大公益诉讼案件办理具有示范意义，具体说有以下几个突出特点。

一是最高检直接立案，大检察官担任主办检察官，体现责任担当，强化办案力度。二是坚持"双赢多赢共赢"理念，争取党委政府支持，凝聚各相关主体公益保护共识和合力，推动跨区域协同综合治理。三是探索"以事立案"，解决公益受损责任主体众多、情况复杂等导致以监督对象立案难的问题。四是运用一体化办案模式，组织多地、多级、多个检察机关凝聚检察合力，破解办案力量、办案阻力等现实问题。五是运用公开听证等办案方式，对案件办理质效进行客观评价，提高司法公信力，提升办案说服力和诉前程序司法化水平。六是借助"外脑"外力，邀请专家对办案中遇到的专业问题进行咨询评价，运用无人机、快速检测设备等提升调查取证效能。七是落实"绿水青山就是金山银山"理念，兼顾生态保护与民生福祉，避免机械司法、简单司法，在生态优先前提下，统筹生态环境保护与经济高质量发展。

万峰湖专案：跨行政区划流域治理的中国方案[*]

闫晶晶

9月22日，最高人民检察院发布第四十一批指导性案例，这批指导性案例只有一个——最高检督促整治万峰湖流域生态环境受损公益诉讼案（以下称"万峰湖专案"）。

时至今日，万峰湖治理取得了预期效果，这是第一个通过公益诉讼检察成功治理大江大湖的典型案例，示范了以最低的司法成本、最短的时间解决跨行政区划流域治理问题的方案，具有标杆性意义，也是检察机关以法治思维和法治方式助推国家治理体系和治理能力现代化的生动实践。

历史的机遇和挑战

流域治理是世界性难题，万峰湖流域生态环境受损问题由来已久，中央环保督察两次督办，广西、云南、贵州三地都为治理发了愁，一直难以根治。究其原因，就是大江大湖上下游不同行、左右岸不同步。对于刚刚发展起来的公益诉讼检察而言，这也同样是摆在检察机关面前的难题。

---

* 本文原刊载于《检察日报》2022 年 9 月 30 日第 2 版。

落笔批准立案时，最高检副检察长张雪樵考虑了很久。一旦批准，最高检将启动立案程序，直接办理这起公益诉讼案件，这在历史上尚属首次。如何立案？一旦立案，案件办理程序如何操作？又将如何结案？一系列问题也随之而来。

根据当时法律规定，以民事公益诉讼或行政公益诉讼立案，都要求有明确的违法主体，而导致万峰湖流域生态环境受损的违法主体此时尚不能确定。

"违法主体不能确定，可以以事立案。"在最高检第八检察厅厅长胡卫列看来，国家设计公益诉讼检察制度就是为了保护重大国家利益和社会公共利益，督促行政机关依法行政，万峰湖流域生态环境受损就是其中的典型。经过慎重考虑，最高检最终决定，针对万峰湖环境受损的客观事实，以事立案。

2019年12月11日，最高检决定直接启动公益诉讼检察立案程序，成立由张雪樵担任组长、主办检察官的专案组。

专案组成立了，人员怎么办？彼时，因为公益诉讼检察还是项全新的制度，不管是基层还是最高检，办案力量都很有限。

2020年1月16日，第八检察厅向三个省级检察院公益诉讼部门下发通知，明确该案由最高检统一负责，组建由四级院检察官组成的专案组，自立案至案件结束，最高检统一管理案件线索，统一调配办案力量。很快，一支50多人的办案队伍组建起来了。

人员不足，聚零为整；问题落实，化整为零！

第八检察厅二级高级检察官刘家璞介绍，万峰湖面最大的污染源就是非法网箱养殖，专案的首要目标是清理网箱。为了取证，专案组检察官们选择住在简陋的水上检察室，甚至有过被大风吹翻船，在湖中挣扎获救的惊险遭遇。

自然条件的恶劣是可以克服的，难的是"办案遇阻"。刚一开始，专案组就碰到了"硬骨头"，广西某集团旗下的一家渔业有限公司是隆林县招商引资的龙头企业，其非法养殖的网箱面积达到 24 万平方米，每天投入饵料约为 30 吨左右，对水体造成严重污染。

针对发展与保护的矛盾问题，2020 年 2 月 17 日，广西壮族自治区检察院将地方反映的关于清网行动缓一缓、等一等的要求报请到最高检，怎么办？在何去何从的十字路口，检察机关坚持以习近平生态文明思想为指引，坚持生态优先、绿色发展的路子不动摇，清理违法网箱依然是首要办案目标。

在广西壮族自治区、云南省、贵州省三级党委、政府和生态环境、农业农村、水利等相关职能部门的大力支持下，万峰湖湖面非法网箱等污染问题得到有效解决，生态环境显著改善。

对于案情复杂、一时难以确定监督对象的公益损害线索，可以基于公益损害事实立案；对于江河湖泊流域性生态环境治理或者跨行政区划重大公益损害案件线索，上级检察院可以依法直接立案——这是万峰湖专案的示范、指导意义所在。同时，最高检直接办案既体现了对地方检察机关工作的支持，也是引导各地检察机关采取一体化办案模式破解办案阻力与困难的一次示范。

案结事未了

2020 年 9 月 15 日，按照办案计划，网箱清理工作应该全部完成了。为了检验、巩固办案成效，张雪樵带领专案组来到万峰湖现场办案。

这次的现场办案所见所感令人欣喜：此时的南盘江水量较大，水电站开闸放水，湖水得以流动起来，湖面网箱也全部清除，湖水水质已净化为三类、部分达到二类，达到了国家规定的水质标准，也符合结案的标准。

靠湖吃湖，如今不能网箱养鱼，收入、就业等问题怎么解决？万峰湖专案清理了违法养殖，但老百姓获得了什么，心里是否真的满意，最高检办理的这起专案是否能够画上句号？专案组的每一位成员都深知，这一湖碧水，是沿湖数百万群众做出巨大牺牲才换来的。

如果专案就此结束，悬在行政机关头上的法律监督利剑入鞘，网箱污染会不会卷土重来？两岸三地数百万人的心血会不会付诸东流？清网，只是万峰湖专案走完的第一步。

污染治理了，政府还需要做什么？水质转好了，检察院还想干什么？2020年12月24日，最高检专案组对万峰湖专案召开了第一次公开听证会，听证会议题包括两方面：一是办案整治网箱养殖污染取得的成效是否过关；二是三省五个县（市）政府如何统一管理万峰湖，包括万峰湖是否可以通过生态养殖，既可以保水，又可以致富。

这次听证会检验了专案办理取得的成效。参加人员一致认为检察机关主动通过开展公益诉讼检察工作，督促行政机关依法履职，直接办案目的已经实现，从实际效果来看，已远超了预期的办案目标。同时，各方也达成共识，三省（区）五县（市）只有统一管理开发万峰湖，才会防止污染现象反弹，包括实现生态渔业开发。这次听证会，也标志着以湖面水质生态环境治理为主要内容的第一阶段办案工作顺利结束。

案结事未了。2021年1月，专案组组织三省区检察机关对万峰湖专案办理情况开展"回头看"工作。此次"回头看"工作历时7天，参与的检察官近20人，走访贵州黔西南、广西百色、云南曲靖沿湖各市县党政领导、行政执法人员、乡镇干部、养殖企业和沿岸群众 30 余人。

这次回头看有三个目的：进一步检验万峰湖专案的办案效果；推动地方政府依法治理开发万峰湖；支持公益诉讼检察职能继续发挥作用。

"现在违规网箱养殖没有了，万峰湖环境综合整治后，水变清了，环境也变好了。"万峰湖的变化，沿湖百姓看在眼里，从他们的回答中，专案组成员欣喜地发现，湖水水质持续好转，生态逐渐恢复。此外，干支流深度污染问题，长期整治规划正在有序落实，源头污染问题正在逐步改善解决。

检察机关内部，协作机制已经形成。2021 年 1 月，沿湖三市（州）检察院共同签署协作机制，强化公益诉讼检察职能对万峰湖的生态保护作用。2021 年 12 月，五县（市）检察机关就建立检察协作机制达成一致意见，联合制定万峰湖流域生态环境公益诉讼检察案件跨区划管辖暂行办法。

在推动执法协作方面，专案组支持配合水利部珠江水利委员会对珠江流域开展常态化跨区域执法。2021 年 6 月、9 月，珠江委先后对万峰湖进行水行政专项执法行动，邀请最高检派员监督，合力巩固万峰湖污染治理成果，推动落实跨区域协同执法机制。2022 年 3 月，五县（市）成立联合执法指挥部，对湖区实行统一联合执法监管。

罗平县鲁布革乡三江口村民韦会林表示，转产上岸后，在政府扶持下开始种植油茶果，预计三年后油茶果成熟，可带来一定的收益。但渔民上岸转产转业的困难还是很大，如果能利用优质的万峰湖水发展生态渔业，提供品牌水产品，前景一定可期。但万峰湖全面清理网箱养殖后，谁来打开生态养殖这扇"门"呢？

如何让绿水青山转化为金山银山，是巩固脱贫成果和乡村振兴的必答题，也是沿湖三省五县党委政府和沿岸老百姓共同关心与期盼的问题，最高检专案组认为，虽然案子办结了，媒体也广泛报道了，但还不能"凯旋"。目前缺乏牵头协调主体，专案组应当"当仁不让"，以钉钉子精神去积极推动解决。

于是，最高检专案组没有就地解散，2021 年以来一直着手督促五县（市）统一监管执法，推动沿湖百姓统一开发生态渔业。但在利益面前，"五兄弟"如何合而为一？在广西隆林召开的座谈会上，有的地方领导提出库湾水域归本县开发，其他水域可以统一管理。专案组组长张雪樵就打了个比方作答，一个万峰湖只能培育一条"万峰鱼"，不能万鱼打架。建议统一管理的水域先开发，本县管辖的库湾缓开发，为统一开发创造条件。

2022 年 6 月，五县（市）党委政府就万峰湖大水面生态养殖项目达成共识，并会签《万峰湖产业发展框架协议》。2022 年 7 月，推荐、组织五县（市）分管县长到浙江千岛湖参加生态渔业专项培训，到浙江衢州考察鲟鱼生态养殖业。2022 年 8 月，五县（市）合资成立"黔桂滇万峰湖渔业开发有限公司"。

一个案件两次听证

9 月 23 日上午，最高检在贵州省黔西南布依族苗族自治州检察院召开万峰湖专案第二次听证会。一个案件两次听证，这种情况也很少见。专案办理的启示还在于：发挥检察听证作用，评估办案成效，凝聚治理共识，提升办案效果；以跨区划流域治理问题为导向，建立常态化公益保护机制，推进诉源治理。

水利部珠江水利委员会政策法规处的吕树明参加了两次听证，他认为，做好万峰湖水生态环境长效保护工作，必须强化万峰湖流域区域的协同治理，目的就是通过强化执法联动协作，形成协同治理保护合力，破解万峰湖水域分割、执法和治理主体分散的问题。

这次听证围绕五县（市）统一开展生态渔业如何确保万峰湖优质水体、跨三省统一执法监管如何彻底解决万峰湖生态环境问题两个议题展开讨论。

"举全市之力写好万峰湖生态保护开发利用这篇大文章。"兴义市委书记顾先林首先表态，沿湖五县（市）行政机关代表分别发表了对于长效保护万峰湖和生态开发工作的看法和建议。

云南省罗平县是整个万峰湖水域源头所在，都说治污治源头，罗平县政府党组成员满家启深知肩上的责任重大。联合执法以来，他是参与者、见证者。"我们的执法队员每天给我发湖面湖岸执法图片，平均每天都在 50 张左右，效果非常好。"满家启认为，一支队伍执法、一个标准执法，一定会对万峰湖生态保护和开发利用起到至关重要的保障作用。

广西壮族自治区西林县副县长黄尚学也表示，目前已经落实 20 名执法队员，由联合指挥部统一调动，开展日常巡查、执法和管理。下一步将继续加强对执法人员物资、资金的保障。

万峰湖是一座特大型水库，流域雨量充沛、气候温和、水生生物资源丰富，蓄水量达 100 多亿立方米，具备发展增殖渔业的自然条件。来自中国科学院水生生物研究所，一直从事大水面生态渔业理论和技术研究的刘家寿认为，万峰湖适合开展以增殖为主的生态渔业，科学开展增殖渔业是万峰湖必选之路，也是我国大水面渔业发展的方向。

对于新成立的黔桂滇万峰湖渔业开发有限公司，农业农村部渔业渔政管理局养殖处的陈家勇建议，要选择市场好的养殖品种，打好生态牌，引进高端成熟的技术路线，进行复制创新，形成好的商业模式和管理模式，争取合作共赢。

作为生态养殖产业的标杆，杭州千岛湖发展集团党委书记、总经理何光喜受邀担任本次听证会听证员。为了进一步做好万峰湖"后半篇文章"，专案组曾前后三次来到千岛湖考察，带队培训、学习千岛湖保水渔业模式和综合管理的方法。

"上世纪九十年代，千岛湖也曾走过这样的曲折道路。"何光喜说，以千岛湖的经验来看，万峰湖情况更加复杂，管理难度更大，更需要各方高度统一思想，摒弃各自为政、划水而治的思路。黔桂滇万峰湖渔业有限公司的组建，可以实现权责利明确，统一经营主体，面对市场竞争打造属于自己的品牌，回馈社会，实现可持续发展。

"碧波荡漾的湖水、沿湖秀丽的万峰林、可口的生态鱼，还有罗平100万亩金灿灿的连片油菜花，诚邀网友们来共享万峰湖生态之美！"满家启向网友发出邀约。

"西林县去年还没有通高速公路，今年通了吗？"听证会上张雪樵问道。

"年底就通了！"

生态优先，绿色发展，乡村振兴。万峰湖可持续发展之路已在眼前，未来必将是一幅与经济社会协调发展、与自然生态和谐共生的美好画卷。对检察机关来说，该案是最高检直接立案办理的首起公益诉讼案件，但公益司法保护、满足人民群众对美好生活的需要永远在路上。

【人民日报】

更好发挥检察公益诉讼制度效能*

亓玉昆

最高人民检察院督促整治横跨三省份的万峰湖流域生态环境受损公益诉讼案的一名主办检察官，在工作日志里写下这样一句话："昔日，网箱满湖、水质恶化；今朝，风光旖旎，山清水秀。"近日，最高检将万峰湖专案作为指导性案例予以发布。万峰湖专案示范了检察公益诉讼解决跨行政区划流域治理问题的典型方案，凸显检察公益诉讼正成为我国生态环境治理的重要法治手段。

生态环境属于公共产品，生态环境保护事关广大人民群众的切身利益。对于案情复杂、一时难以确定监督对象的公益损害线索，可以基于公益损害事实立案；对于江河湖泊流域性生态环境治理或者跨行政区划重大公益损害案件线索，上级检察院可以依法直接立案；以跨区划流域治理问题为导向，建立常态化公益保护机制，推进诉源治理……万峰湖专案采用一体化办案方式，其办案过程和经验方法为生态环境和资源保护领域的其他公益诉讼案件办理提供了有益参考。

从顶层设计、试点先行，到立法保障、全面推行，公益诉讼成为以司法手段保护公益、促进国家治理的一项重要制度安排。

---

* 本文原刊载于《人民日报》2022 年 10 月 27 日第 15 版。

聚焦公益受损严重、社会影响大或者具有跨流域、跨区域特点的生态环境问题，检察机关加大公益诉讼自办案件力度，办理了万峰湖专案、南四湖专案等一批生态环境领域公益诉讼的大案要案，体现了落实"用最严格制度最严密法治保护生态环境"的要求，为天更蓝、山更绿、水更清、环境更优美提供有力司法保障。自2017年7月1日检察公益诉讼制度全面实施以来，截至今年8月31日，检察机关共立案办理公益诉讼案件70.2万件，其中生态环境与资源保护领域案件35.3万件，在公益诉讼案件中占比超过50%。

实践表明，在生态环境保护方面，检察公益诉讼有助于凝聚保护共识，形成共治合力，但仍存在跨区域治理难、生态损害鉴定难、生态修复工作机制不健全等问题。如何进一步完善检察公益诉讼跨区划管辖协作机制，加大环境公益诉讼技术支持力度，积极办理群众反映强烈的"硬骨头"案件，不断提升公益保护质效，仍需要检察机关积极探索。

公益诉讼并非"零和博弈"，而是通过加强对公益损害问题的监督，助力政府部门依法行政。环境公益诉讼既要保护生态环境，又要保护人民群众的切身利益，实现双赢多赢共赢。"案结"往往并不意味着"事了"。做好巩固环境治理成果并妥善解决后续问题的"后半篇文章"，让大自然的"绿水青山"变成人民群众的"金山银山"，还需建立长效机制，以钉钉子精神去积极推动解决，实现生态美、产业兴、百姓富。

作为具有中国特色的司法制度，检察公益诉讼为破解公益保护的难题提供了一个方案。面对建设美丽中国的时代考卷，检察机关应更好践行公益保护为了人民、依靠人民的理念，以检察履职、监督办案，促各方履职、齐心协力，更好发挥检察公益诉讼制度效能，实现"办理一案、警示一片、教育一面"的良好办案效果。

【新京报】

万峰湖专案有何特别之处？*

——新京报专访最高检副检察长张雪樵播报文章

党的二十大报告提出：加强检察机关法律监督工作，完善公益诉讼制度。今年 9 月，最高检在万峰湖畔（贵州兴义）发布第四十一批指导性案例——万峰湖流域生态环境公益诉讼案。这是最高检首次在办案现场发布指导性案例，也是首次发布仅有一个案例的一批指导性案例。

"万峰湖专案办成了多年想办而没办成的事。"最高检副检察长、二级大检察官张雪樵表示，目前，万峰湖生态环境水质持续好转，最高检推动当地统一进行生态开发，解决群众生计问题，防止网箱养殖等问题反弹。

万峰湖专案对外传达了什么信息？办案背后，检察机关职能发生了怎样的变化？检察公益诉讼已经覆盖哪些领域？针对这些问题，张雪樵一一进行回应。

万峰湖专案 "办成了多年想办而没办成的事"

新京报： 在办案现场发布指导性案例，并且一批指导性案例仅有一个案例，这两项非常之举背后的万峰湖专案，有什么特别

---

* 本文于 2022 年 11 月 12 日在新京报官网发布，https：//www.bjnews.com.cn/detail/166910768314871.html。

之处？

张雪樵：万峰湖专案是最高检直接办理的第一件公益诉讼案件，也是第一个通过公益诉讼成功实现大江大湖流域污染治理的典型案件，以最低的司法成本、在最短的时间内解决了横跨三省（区）的湖泊流域污染问题，办成了多年想办而没办成的事。

专案的成功办理，为修复万峰湖生态环境、保障湖区及周边群众的生产生活安全、助推珠三角地区经济社会高质量发展发挥了重要作用，也为解决"公地悲剧"的世界性难题提供了经典范例，实现了政治效果、社会效果、法律效果的有机统一，得到中央领导、社会各界和人民群众的广泛好评。

新京报：通过如此特别的指导性案例发布方式，最高检想向社会传达什么信号？

张雪樵：大江大湖流域跨区划治理，是推进生态文明建设中的一道难题。最高检立案后，充分发挥检察一体化优势，抽调万峰湖流域广西、贵州、云南等地三级检察机关80名检察人员组成专案组，共立案办理45件具体案件，在法治轨道上实现了立案模式、办理模式和办案目标的创新，既为今后最高检和各省级检察院直接办理公益诉讼案件树立了标杆，也为检察一体化办案模式的运行及检察机关通过办案推进诉源治理等积累了有益经验。

同时，健全完善检察机关指导性案例制度。本批指导性案例创新了发布机制，有多个"第一次"，比如第一次采用"一批次一案例"形式、第一次在办案现场发布，提升了检察机关指导性案例的影响力和示范性。

推动生态开发，解决公益受损背后的深层次矛盾

新京报：在万峰湖水质环境已经扭转的情况下，万峰湖专案进入第二阶段，这一阶段检察机关要达到什么目标？

张雪樵：万峰湖专案第一阶段工作，彻底解决了湖面非法网箱养殖污染等问题，实现了"绿水青山"的阶段性工作目标。专案第二阶段工作，主要聚焦"绿水青山"与"金山银山"的衔接转化，进一步发挥检察公益诉讼职能作用，统筹万峰湖流域生态环境保护与经济社会高质量发展，推动沿湖五县（市）统一监管执法，统一开发生态渔业，助力实现万峰湖长效治理保护和绿色发展。

我们通过"回头看"，进一步检验万峰湖专案办案效果，推动地方政府依法治理开发万峰湖，进一步推动沿湖行政机关坚定共治共享万峰湖的共识。

在专案推动下，2021年6月，沿湖五县（市）党委政府、三市（州）检察院共同签署《万峰湖协同开发联席会议制度》。2022年3月，五县（市）党委政府决定成立联合执法指挥部，对湖区实行统一联合执法监管。6月，沿湖五县（市）党委政府借鉴千岛湖成功经验，就万峰湖大水面生态养殖项目达成共识，并签署相关框架协议。9月，合作成立"黔桂滇万峰湖渔业开发有限公司"，注册"万峰鱼"商标，着手在生态渔业、旅游业等多个行业携手共富。

9月23日，最高检专案组在贵州召开万峰湖专案第二次听证会，与会各方一致认为万峰湖统一开发生态渔业合法、正当、可行，进一步巩固了万峰湖协同治理和开发的共识。农业农村部、生态环境部、水利部均予以充分肯定，沿湖五县（市）均

表示要依法、科学地对万峰湖进行生态开发，力争早日将万峰湖打造成"绿水青山变成金山银山"的样板、示范。

新京报：目前成效如何？

张雪樵：目前，万峰湖生态环境水质持续好转，今年二季度湖水水质均达到Ⅱ类以上，多数监测点水质已为Ⅰ类。检察机关将始终聚焦诉源治理，持续发挥公益诉讼检察制度优势和检察协作机制作用，巩固深化万峰湖治理开发齐抓共管大格局，助力万峰湖流域经济社会高质量发展。

新京报：以往人们对检察机关职能的理解是纠错纠偏，但万峰湖专案第二阶段更多是提升，这似乎与检察机关传统职能不同，检察机关如何做好这一工作？转变背后是什么样的工作思路变化？

张雪樵：最高检党组强调，在履行公益诉讼检察职责时，不仅要算好"法律账"，更要算好"政治账""公益账""民生账"，既满足人民群众内涵更丰富、水平更高的新需求，又维护好国家和社会公共利益，最终实现双赢多赢共赢。这一考虑在万峰湖专案中体现得尤其明显。

万峰湖专案第二阶段的主要任务是巩固办案成果，推进诉源治理。保护国家利益和社会公共利益，不能简单停留于就案办案，更要着力解决公益受损背后的深层次、隐藏性矛盾。

万峰湖专案第一阶段工作完成后，万峰湖水面污染治理了，水质转好了，基本实现了保护万峰湖生态环境的直接目的。但沿湖五县（市）都曾是国家级贫困地区，老百姓大多靠湖吃湖，如果群众生计问题得不到解决，网箱养殖等问题很可能再次反弹。

最高检 2021 年三次赴沿湖五县（市）调研，2022 年先后推荐沿湖五县（市）分管县（市）长到千岛湖参加生态渔业专项培训，并邀请有关机构负责同志和有关专家参加万峰湖专案第二次听证会，推动沿湖五县（市）合作成立渔业发展公司，统一进行生态开发。

检察机关开展诉源治理时，还注意充分尊重行政机关作为公共利益保护第一顺位代表的地位，严格把握职能界限，坚持"不越位、不缺位、不混同"原则，诉源治理归根结底是督促行政部门"治未病"。

检察机关已通过办理南四湖专案立案 205 件

新京报：在北方，您还主办了另一起环境公益诉讼——南四湖专案。与万峰湖专案相比，两案的问题特点、处理方式有什么相同点和不同点？

张雪樵：南四湖专案与万峰湖专案都是检察机关依法能动履行公益诉讼检察职能，推动大江大湖跨行政区划流域治理的典范，均采取以事立案和一体化办案的方式办理，较好实现了办案预期目标。

相较于万峰湖专案，南四湖专案被媒体称为"自检察公益诉讼制度建立以来规模最大、难度最高、社情最为复杂的一场公益诉讼治污攻坚战"。

首先，南四湖专案的办案方式更为多元。南四湖流域面积大，入湖河流多，人口密集，工业污染、养殖污染、生活污染、船舶污染重叠。检察机关通过提起诉讼、支持起诉、督促磋商，包括督促行政机关启动生态环境损害赔偿磋商程序等职能，追究违法行为人法律责任。最高检专案组聚焦全流域三省工矿废水排放、船舶污水排放等方面的执法标准不统一问题，通过磋商全部解决。山东、江苏、安徽检察机关也立了一批案件。

其次，办案规模、投入力量更大。南四湖专案运用了卫星遥感技术，发现线索全面精准，又结合检察机关自身的快速检测和鉴定等技术办案，办案效果特别好。不到一年，南四湖的水质就发生了显著变化。

此外，社会影响更为广泛。办理南四湖专案时，检察机关首次全程借助互联网平台网络直播公开听证，让南四湖治理成效接受全社会检验，1270.6万人在线"围观"，社会影响很好。

新京报：目前，南四湖专案的成效和进展如何？如何做好南四湖治理的"后半篇文章"？

张雪樵：截至目前，检察机关已通过办理南四湖专案立案205件，督促处置回收和清理各类垃圾、固体废物5.35万余吨，拆除沿湖违章建筑、违法养殖1621处，治理黑臭水体480处，清理污染和非法占用的河道275公里，督促推动赔偿权利人与企业达成生态环境损害赔偿磋商协议金额8.52亿元，通过民事公益诉讼向污染企业和个人追偿修复生态、治理环境费用1268万元。

在专案推动下，南四湖流域边界污染、湖底采煤、流域煤矿污染、船舶和港口污染等一批"老大难"问题得到了解决，明显改善了南四湖流域生态环境，统一了流域环境治理标准，建立了流域环境治理长效机制。

不过，目前确保南四湖流域生态环境持续向好还面临较大压力，诸如推动转变渔民生产生活方式、统一区域养殖标准模式、治理标准统一后加强执法监管力度等问题还需要统筹解决。

下一步，检察机关将持续跟进监督，协同各方通过强化监管、建立长效机制等，巩固深化办案成果，做好南四湖专案

"后半篇文章"，推动南四湖流域借助生态优势，通过开展生态养殖等特色产业实现生态富民。

公益诉讼已拓展到未成年人权益保护等多个领域

新京报：检察公益诉讼已开展五年多，其中生态环境与资源保护领域案件达 35.3 万件，办案成效如何？

张雪樵：检察机关始终坚持以办案为中心，主动加大生态环境公益诉讼办案力度。五年来，检察机关共立案办理公益诉讼案件 70.2 万件，其中生态环境与资源保护领域案件 35.3 万件，占比超过 50%。通过案件办理，督促恢复被毁损的耕地、林地、湿地、草原约 786 万亩，回收和清理各类垃圾、固体废物 4584 万余吨，追偿生态修复、环境治理费用 93.5 亿元，为治理改善生态环境、推进生态文明建设提供了有力司法保障。

坚持因地制宜，以专项工作推动生态环境保护。今年，最高检直接立案办理了长江流域船舶污染治理专案，并探索建立沿江 11 省（市）跨区划协作机制，推动形成长江保护检察"一盘棋"局面。为促进黄河流域生态环境保护，最高检会同水利部开展专项行动，探索"河长＋检察长"工作模式。今年 5 月，最高检与水利部共同制定了《关于建立健全水行政执法与检察公益诉讼协作机制的意见》，并联合发布了涉水领域检察公益诉讼典型案例。

坚持社会协同，强化生态环境保护监督合力。2021 年 7 月以来，最高检探索构建"益心为公"检察云平台，吸纳包括民主党派人士、青年志愿者在内的社会公众担任公益诉讼志愿者，形成专业高效、协同共治的合力。截至目前，平台录入志愿者 2 万余人，提报线索 2000 余条，每个基层院均邀请志愿者参加了相关办案活动。

我们在工作中感受到，党的十八大以来，我国生态环境保护发生历史性、转折性、全局性变化。但一些个案也暴露出个别地方有时存在"先污染，后治理""只看经济效益，不重环境保护"的错误发展思路。这也说明，必须在更高层面、更广范围、更深层次发挥检察公益诉讼独有的督促之诉、协同之诉等功能，更好以法治思维、法治方式维护国家利益和社会公共利益。

新京报：截至目前，最高检直接办理了几件公益诉讼案件？取得了怎样的效果？

张雪樵：最高检坚持带头办理重大疑难复杂案件。万峰湖专案成功办结后，最高检又直接立案办理公益诉讼案件7件，带动各省级人民检察院直接立案办理案件160件，并实现省级院自办案件立案全覆盖，推动解决了一大批重大公益受损问题。

同时，最高检及时总结经验做法，制发《人民检察院公益诉讼办案规则》《检察公益诉讼跨行政区划管辖指导意见（试行）》等规范性文件，健全完善一体化办案机制、跨区划跨部门协作机制等，创新社会支持公众参与机制等，推动公益诉讼检察工作更加规范化、制度化。

新京报：除了生态环境领域，检察机关公益诉讼的办案领域还包括哪些？

张雪樵：2017年7月，修改后的民事诉讼法和行政诉讼法正式确立检察机关提起公益诉讼制度后，全国检察机关创新形成"双赢多赢共赢""诉前实现保护公益目的是最佳司法状态""持续跟进监督"等理念，推动公益诉讼检察工作逐步向纵深开展。

截至2022年9月，全国检察机关共立案办理公益诉讼案件71.8万件，其中行政公益诉讼65.2万件，制发公益诉讼诉前检察建议 54.9 万件，行政机关诉前阶段回复整改率达到 98% 以上；检察建议不能落实的，检察机关依法提起诉讼，促进依法行政，警示、教育社会面。

在拓展公益诉讼案件范围方面，2018 年以来，英雄烈士保护法、未成年人保护法、安全生产法等以单行法方式赋予检察机关在相应领域提起公益诉讼职责，公益诉讼法定办案领域从民事、行政诉讼法确定的生态环境和资源保护、食品药品安全、国有财产保护、国有土地使用权出让四个领域，扩展到英烈名誉保护、反垄断、个人信息保护、未成年人权益保护等领域，形成"4 + 8"格局，为进一步发挥公益诉讼检察优势提供了坚实制度保障。

多个"首次"的背后[*]

——最高检办理"万峰湖专案"回顾

闫晶晶

这个案件十分特别——是最高人民检察院直接立案办理的第一起公益诉讼案件;是最高检第一次采用"一批次一案例"的形式发布的指导性案例;是第一次在办案现场发布的指导性案例;一个案件经历了两次公开听证。这些元素在同一个案件上集中体现,足以证明这个案件的重要性和独特意义所在。

最高检督促整治万峰湖流域生态环境受损公益诉讼案(下称"万峰湖专案")在我国公益诉讼制度发展史上留下了浓墨重彩的一笔,更是检察机关提起公益诉讼的公益之诉、督促之诉、协同之诉、共赢之诉的充分展示。

最高检首次直接立案办理的公益诉讼案

公益诉讼检察制度设计的初衷,就是为了保护国家利益和社会公共利益,督促行政机关依法行政,办理具有重要战略位置的万峰湖流域生态环境受损案就是其中的典型。经过慎重考虑,

---

* 本文原刊载于《检察日报》2023 年 2 月 8 日第 1 版。

2019年12月11日，最高检决定，针对万峰湖环境受损的客观事实，以事立案，并成立了由四级检察院检察官组成的专案组。

这样的立案方式，最高检也考虑了很久。因为根据当时的法律规定，以民事公益诉讼或行政公益诉讼立案，都要求有明确的违法主体，而导致万峰湖流域生态环境受损的违法主体此时尚不能确定。在武汉大学教授秦天宝看来，这是对立案标准的例外探索，体现了检察履职的能动性。相比其他有效性手段，以事立案能够最大效率地减少环境公益的损失。

最高检直接立案办理后，在办案过程中遇到了各种难题。专案组成员、最高检第八检察厅检察官刘家璞告诉记者，非法网箱养殖是导致万峰湖水面污染的主要原因，也是万峰湖污染攻坚战中想解决仍未解决的"硬骨头"。立案后，最高检将全面清理万峰湖湖区非法养殖网箱明确为首要办案目标，对办案中遇到的困难和阻力等，最高检办案组要求逐级上报，通过上级院履职推动问题解决。

2020年2月17日，广西壮族自治区检察院针对发展与保护的协调问题，报请最高检明确下一步办案方向和要求。几天后，最高检明确批复，企业的合法权益应当受法律保护，但对待经济发展中涉及的环境保护问题，应以习近平生态文明思想为指引，坚持生态优先、绿色发展的先进理念，不改变清理违法网箱的办案目标，但基于当时疫情对鲜鱼市场的影响，允许在不投放饵料的前提下适当延缓拆除网箱时限，尽可能减少企业损失。

公益诉讼检察办案，既要使受损的公益直接得到保护，又要追求保护对象的长效治理；既要督促行政机关依法履职，又要实现双赢多赢共赢的办案效果。最高检直接立案办理的这起公益诉讼案件，更是体现出了这些价值追求。

两次听证接受人民群众检验

办案数据显示，检察机关通过公益诉讼共督促有关行政机关拆除非法养殖网箱 53.6 万平方米，但是纸面上的办案数据并不能完全说明问题。

2020 年 9 月 15 日，为了检验、巩固办案成效，最高检副检察长张雪樵带领专案组来到万峰湖现场办案。当时正值南盘江水量大，水电站开闸放水之时，经检测，湖水水质达到了国家规定的水质标准，湖面网箱也全部清除，符合结案的标准。

2020 年 12 月 24 日，最高检专案组对万峰湖专案召开了第一次公开听证会。生态环境部、水利部、农业农村部等部门代表，以及万峰湖沿岸三市五县政府、群众代表和多位专家参加了这次听证会。

除了检验整治网箱养殖污染取得的成效是否过关，这次听证会的议题还包括万峰湖是否可以通过生态养殖保水、致富。对于万峰湖未来如何发展，听证会也在实际操作层面作出了具体部署。2022 年 6 月，沿湖五县（市）党委政府就万峰湖大水面生态养殖项目达成共识，并会签《万峰湖产业发展框架协议》。2022 年 8 月，五县（市）合资成立"黔桂滇万峰湖渔业开发有限公司"。

如果说第一次听证会绘就了万峰湖未来发展的蓝图，第二次听证会则检验了发展路线的可行性。2022 年 9 月 23 日上午，最高检在贵州省黔西南布依族苗族自治州检察院以互联网直播方式召开万峰湖专案第二次听证会。杭州千岛湖发展集团有限公司的代表在听证会上为公司的下一步发展带来了先进的保水渔业模式和综合管理的方法。这次听证会上，大家达成共识——强化万峰湖流域区域的协同治理，写好万峰湖生态保护开发利用这篇大文章。

用力极深的诉源治理

公益诉讼检察制度是一项全新的制度，实践走在了制度和理论建设的前面，万峰湖专案的办理就是一次勇敢的探索。为巩固提升万峰湖专案办理成效，从立法层面解决万峰湖生态环境受损的根本性问题，专案组持续加大力度，推动万峰湖流域生态环境保护地方立法工作，在诉源治理上下功夫。

今年1月1日起，《黔西南布依族苗族自治州万峰湖保护条例》（下称《条例》）正式施行。黔西南州委书记陈昌旭指出，要以条例实施为抓手，以良法促善治，一体抓好山水林田湖草系统保护治理，保护好万峰湖流域，守牢珠江上游生态屏障。

记者了解到，目前，除了黔西南州，广西壮族自治区百色市也已出台万峰湖保护条例，云南省曲靖市已将万峰湖保护条例纳入该市2023年立法预备项目。

案件办结了，如何将"绿水青山"更好转化为"金山银山"，依然是专案组跟进研究的课题。2022年底，专案组与中国建设银行乡村振兴金融部进行多次沟通协调，探索建立"法治＋金融"模式，将万峰湖专案治理成果转化为经济社会发展成果，造福当地群众。

专案办理过程中形成的启示、积累的经验，对省级以上检察院直接办理生态环境和资源保护领域的公益诉讼案件、检察一体化办案模式的运用以及检察机关以办案为中心推进诉源治理等起到示范引领作用。2020年以来，省级检察院立案办理公益诉讼案件180余件。

万峰湖专案的办理，从多个角度成功印证了中国特色社会主义的制度优势，并成为这一制度优势转化为国家治理和社会治理效能的又一个经典写照。